持讀誦為人解說須菩提以要言之是經有不可思議不可稱量無邊功德如來為發大乘者說為發最上乘者說若有人能受持讀誦廣為人說如來悉知是人悉見是人皆得成就不可量不可稱無有邊不可思議功德如是人等即為荷擔如來阿耨多羅三藐三菩提何以故須菩提若樂小法者著我見人見眾生見壽者見則於此經不能聽受讀誦為人解說須菩提在在處處若有此經一切世間天人阿修羅所應供養當知此處則為是塔皆應恭敬作禮圍繞以諸華香而散其處

復次須菩提善男子善女人受持讀誦此經若為人輕賤是人先世罪業應墮惡道以今世人輕賤故先世罪業則為消滅當得阿耨多羅三藐三菩提須菩提我念過去無量阿僧祇劫於然燈佛前得值八百四千萬億那由他諸佛悉皆供養承事無空過者若復有人於後末世能受持讀誦此經所得功德於我所供養諸佛功德百分不及一千萬億分乃至算數譬喻所不能及須菩提若善男子善女人於後末世有受持讀誦此經所得功德我若具說者或有人聞心則狂亂狐疑不信須菩提當知是經義不可思議果報亦不可思議

爾時須菩提白佛言世尊善男子善女人發阿耨多羅三藐三菩提心云何應住云何降伏其心佛告須菩提善男子善女人發阿耨多羅三藐三菩提心者當生如是心我應滅度一切眾生滅度一切眾生已而無有一眾生實滅度者何以故須菩提若菩薩有我相人相眾生相壽者相則非菩薩所以者何須菩提實無有法發阿耨多羅三藐三菩提心者須菩提於意云何如來於然燈佛所有法得阿耨多羅三藐三菩提不不也世尊如我解佛所說義佛於然燈佛所無有法得阿耨多羅三藐三菩提佛言如是如是須菩提實無有法如來得阿耨多羅三藐三菩提須菩提若有法如來得阿耨多羅三藐三菩提者然燈佛則不與我授記汝於來世當得作佛號釋迦牟尼以實無有法得阿耨多羅三藐三菩提是故然燈佛與我授記作是言汝於來世當得作佛號釋迦牟尼何以故如來者即諸法如義若有人言如來得阿耨多羅三藐三菩提須菩提實無有法佛得阿耨多羅三藐三菩提須菩提如來所得阿耨多羅三藐三菩提於是中無實無虛是故如來說一切法皆是佛法須菩提所言一切法者即非一切法是故名一切法須菩提譬如人身長大須菩提言世尊如來說人身長大則為非大身是名大身須菩提菩薩亦如是若作是言我當滅度無量眾生則不名菩薩何以故須菩提實無有法名為菩薩是故佛說一切法無我無人無眾生無壽者須菩提若菩薩作是言我當莊嚴佛土是不名菩薩何以故如來說莊嚴佛土者即非莊嚴是名莊嚴須菩提若菩薩通達無我法者如來說名真是菩薩

須菩提於意云何如來有肉眼不如是世尊如來有肉眼須菩提於意云何如來有天眼不如是世尊如來有天眼須菩提於意云何如來有慧眼不如是世尊如來有慧眼須菩提於意云何如來有法眼不如是世尊如來有法眼須菩提於意云何如來有佛眼不如是世尊如來有佛眼須菩提於意云何如恆河中所有沙佛說是沙不如是世尊如來說是沙須菩提於意云何如一恆河中所有沙有如是沙等恆河是諸恆河所有沙數佛世界如是寧為多不甚多世尊佛告須菩提爾所國土中所有眾生若干種心如來悉知何以故如來說諸心皆為非心是名為心所以者何須菩提過去心不可得現在心不可得未來心不可得

須菩提於意云何若有人滿三千大千世界七寶以用布施是人以是因緣得福多不如是世尊此人以是因緣得福甚多須菩提若福德有實如來不說得福德多以福德無故如來說得福德多須菩提於意云何佛可以具足色身見不不也世尊如來不應以具足色身見何以故如來說具足色身即非具足色身是名具足色身須菩提於意云何如來可以具足諸相見不不也世尊如來不應以具足諸相見何以故如來說諸相具足即非具足是名諸相具足

須菩提汝勿謂如來作是念我當有所說法莫作是念何以故若人言如來有所說法即為謗佛不能解我所說故須菩提說法者無法可說是名說法爾時慧命須菩提白佛言世尊頗有眾生於未來世聞說是法生信心不佛言須菩提彼非眾生非不眾生何以故須菩提眾生眾生者如來說非眾生是名眾生

須菩提白佛言世尊佛得阿耨多羅三藐三菩提為無所得耶佛言如是如是須菩提我於阿耨多羅三藐三菩提乃至無有少法可得是名阿耨多羅三藐三菩提

復次須菩提是法平等無有高下是名阿耨多羅三藐三菩提以無我無人無眾生無壽者修一切善法則得阿耨多羅三藐三菩提須菩提所言善法者如來說非善法是名善法

須菩提若三千大千世界中所有諸須彌山王如是等七寶聚有人持用布施若人以此般若波羅蜜經乃至四句偈等受持讀誦為他人說於前福德百分不及一百千萬億分乃至算數譬喻所不能及

須菩提於意云何汝等勿謂如來作是念我當度眾生須菩提莫作是念何以故實無有眾生如來度者若有眾生如來度者如來則有我人眾生壽者須菩提如來說有我者則非有我而凡夫之人以為有我須菩提凡夫者如來說則非凡夫是名凡夫

須菩提於意云何可以三十二相觀如來不須菩提言如是如是以三十二相觀如來佛言須菩提若以三十二相觀如來者轉輪聖王則是如來須菩提白佛言世尊如我解佛所說義不應以三十二相觀如來爾時世尊而說偈言

若以色見我 以音聲求我 是人行邪道 不能見如來

須菩提汝若作是念如來不以具足相故得阿耨多羅三藐三菩提須菩提莫作是念如來不以具足相故得阿耨多羅三藐三菩提須菩提汝若作是念發阿耨多羅三藐三菩提心者說諸法斷滅莫作是念何以故發阿耨多羅三藐三菩提心者於法不說斷滅相

須菩提若菩薩以滿恆河沙等世界七寶持用布施若復有人知一切法無我得成於忍此菩薩勝前菩薩所得功德何以故須菩提以諸菩薩不受福德故須菩提白佛言世尊云何菩薩不受福德須菩提菩薩所作福德不應貪著是故說不受福德

須菩提若有人言如來若來若去若坐若臥是人不解我所說義何以故如來者無所從來亦無所去故名如來

須菩提若善男子善女人以三千大千世界碎為微塵於意云何是微塵眾寧為多不須菩提言甚多世尊何以故若是微塵眾實有者佛則不說是微塵眾所以者何佛說微塵眾即非微塵眾是名微塵眾世尊如來所說三千大千世界則非世界是名世界何以故若世界實有者則是一合相如來說一合相則非一合相是名一合相須菩提一合相者則是不可說但凡夫之人貪著其事

須菩提若人言佛說我見人見眾生見壽者見須菩提於意云何是人解我所說義不不也世尊是人不解如來所說義何以故世尊說我見人見眾生見壽者見即非我見人見眾生見壽者見是名我見人見眾生見壽者見須菩提發阿耨多羅三藐三菩提心者於一切法應如是知如是見如是信解不生法相須菩提所言法相者如來說即非法相是名法相

須菩提若有人以滿無量阿僧祇世界七寶持用布施若有善男子善女人發菩薩心者持於此經乃至四句偈等受持讀誦為人演說其福勝彼云何為人演說不取於相如如不動何以故

一切有為法 如夢幻泡影 如露亦如電 應作如是觀

佛說是經已長老須菩提及諸比丘比丘尼優婆塞優婆夷一切世間天人阿修羅聞佛所說皆大歡喜信受奉行

金剛般若波羅蜜經

如是我聞。一時佛在舍衛國祇樹給孤獨園。與大比丘眾千二百五十人俱。爾時世尊食時。著衣持缽。入舍衛大城乞食。於其城中次第乞已。還至本處。飯食訖。收衣缽。洗足已。敷座而坐。

時長老須菩提在大眾中。即從座起。偏袒右肩。右膝著地。合掌恭敬而白佛言。希有世尊。如來善護念諸菩薩。善付囑諸菩薩。世尊。善男子善女人。發阿耨多羅三藐三菩提心。云何應住。云何降伏其心。佛言。善哉善哉。須菩提。如汝所說。如來善護念諸菩薩。善付囑諸菩薩。汝今諦聽。當為汝說。善男子善女人。發阿耨多羅三藐三菩提心。應如是住。如是降伏其心。唯然。世尊。願樂欲聞。

佛告須菩提。諸菩薩摩訶薩。應如是降伏其心。所有一切眾生之類。若卵生。若胎生。若濕生。若化生。若有色。若無色。若有想。若無想。若非有想非無想。我皆令入無餘涅槃而滅度之。如是滅度無量無數無邊眾生。實無眾生得滅度者。何以故。須菩提。若菩薩有我相人相眾生相壽者相。即非菩薩。

復次。須菩提。菩薩於法。應無所住。行於布施。所謂不住色布施。不住聲香味觸法布施。須菩提。菩薩應如是布施。不住於相。何以故。若菩薩不住相布施。其福德不可思量。須菩提。於意云何。東方虛空可思量不。不也。世尊。須菩提。南西北方四維上下虛空可思量不。不也。世尊。須菩提。菩薩無住相布施。福德亦復如是不可思量。須菩提。菩薩但應如所教住。

須菩提。於意云何。可以身相見如來不。不也。世尊。不可以身相得見如來。何以故。如來所說身相。即非身相。佛告須菩提。凡所有相。皆是虛妄。若見諸相非相。即見如來。

須菩提白佛言。世尊。頗有眾生。得聞如是言說章句。生實信不。佛告須菩提。莫作是說。如來滅後。後五百歲。有持戒修福者。於此章句。能生信心。以此為實。當知是人。不於一佛二佛三四五佛而種善根。已於無量千萬佛所種諸善根。聞是章句。乃至一念生淨信者。須菩提。如來悉知悉見。是諸眾生得如是無量福德。何以故。是諸眾生。無復我相人相眾生相壽者相。無法相。亦無非法相。何以故。是諸眾生。若心取相。即為著我人眾生壽者。若取法相。即著我人眾生壽者。何以故。若取非法相。即著我人眾生壽者。是故不應取法。不應取非法。以是義故。如來常說。汝等比丘。知我說法。如筏喻者。法尚應捨。何況非法。

須菩提。於意云何。如來得阿耨多羅三藐三菩提耶。如來有所說法耶。須菩提言。如我解佛所說義。無有定法名阿耨多羅三藐三菩提。亦無有定法如來可說。何以故。如來所說法。皆不可取。不可說。非法非非法。所以者何。一切賢聖。皆以無為法而有差別。

須菩提。於意云何。若人滿三千大千世界七寶。以用布施。是人所得福德。寧為多不。須菩提言。甚多。世尊。何以故。是福德。即非福德性。是故如來說福德多。若復有人。於此經中。受持乃至四句偈等。為他人說。其福勝彼。何以故。須菩提。一切諸佛。及諸佛阿耨多羅三藐三菩提法。皆從此經出。須菩提。所謂佛法者。即非佛法。

須菩提。於意云何。須陀洹能作是念。我得須陀洹果不。須菩提言。不也。世尊。何以故。須陀洹名為入流。而無所入。不入色聲香味觸法。是名須陀洹。須菩提。於意云何。斯陀含能作是念。我得斯陀含果不。須菩提言。不也。世尊。何以故。斯陀含名一往來。而實無往來。是名斯陀含。須菩提。於意云何。阿那含能作是念。我得阿那含果不。須菩提言。不也。世尊。何以故。阿那含名為不來。而實無不來。是故名阿那含。須菩提。於意云何。阿羅漢能作是念。我得阿羅漢道不。須菩提言。不也。世尊。何以故。實無有法名阿羅漢。世尊。若阿羅漢作是念。我得阿羅漢道。即為著我人眾生壽者。世尊。佛說我得無諍三昧。人中最為第一。是第一離欲阿羅漢。世尊。我不作是念。我是離欲阿羅漢。世尊。我若作是念。我得阿羅漢道。世尊則不說須菩提。是樂阿蘭那行者。以須菩提實無所行。而名須菩提。是樂阿蘭那行。

佛告須菩提。於意云何。如來昔在然燈佛所。於法有所得不。不也。世尊。如來在然燈佛所。於法實無所得。須菩提。於意云何。菩薩莊嚴佛土不。不也。世尊。何以故。莊嚴佛土者。即非莊嚴。是名莊嚴。是故須菩提。諸菩薩摩訶薩。應如是生清淨心。不應住色生心。不應住聲香味觸法生心。應無所住。而生其心。須菩提。譬如有人。身如須彌山王。於意云何。是身為大不。須菩提言。甚大。世尊。何以故。佛說非身。是名大身。

須菩提。如恒河中所有沙數。如是沙等恒河。於意云何。是諸恒河沙。寧為多不。須菩提言。甚多。世尊。但諸恒河。尚多無數。何況其沙。須菩提。我今實言告汝。若有善男子善女人。以七寶滿爾所恒河沙數三千大千世界。以用布施。得福多不。須菩提言。甚多。世尊。佛告須菩提。若善男子善女人。於此經中。乃至受持四句偈等。為他人說。而此福德。勝前福德。

復次。須菩提。隨說是經。乃至四句偈等。當知此處。一切世間天人阿修羅。皆應供養。如佛塔廟。何況有人。盡能受持讀誦。須菩提。當知是人。成就最上第一希有之法。若是經典所在之處。即為有佛。若尊重弟子。

爾時須菩提白佛言。世尊。當何名此經。我等云何奉持。佛告須菩提。是經名為金剛般若波羅蜜。以是名字。汝當奉持。所以者何。須菩提。佛說般若波羅蜜。即非般若波羅蜜。是名般若波羅蜜。須菩提。於意云何。如來有所說法不。須菩提白佛言。世尊。如來無所說。須菩提。於意云何。三千大千世界所有微塵。是為多不。須菩提言。甚多。世尊。須菩提。諸微塵。如來說非微塵。是名微塵。如來說世界。非世界。是名世界。須菩提。於意云何。可以三十二相見如來不。不也。世尊。不可以三十二相得見如來。何以故。如來說三十二相。即是非相。是名三十二相。須菩提。若有善男子善女人。以恒河沙等身命布施。若復有人。於此經中。乃至受持四句偈等。為他人說。其福甚多。

爾時。須菩提聞說是經。深解義趣。涕淚悲泣。而白佛言。希有世尊。佛說如是甚深經典。我從昔來所得慧眼。未曾得聞如是之經。世尊。若復有人。得聞是經。信心清淨。則生實相。當知是人。成就第一希有功德。世尊。是實相者。即是非相。是故如來說名實相。世尊。我今得聞如是經典。信解受持。不足為難。若當來世。後五百歲。其有眾生。得聞是經。信解受持。是人即為第一希有。何以故。此人無我相人相眾生相壽者相。所以者何。我相即是非相。人相眾生相壽者相。即是非相。何以故。離一切諸相。即名諸佛。佛告須菩提。如是如是。若復有人。得聞是經。不驚不怖不畏。當知是人。甚為希有。何以故。須菩提。如來說第一波羅蜜。即非第一波羅蜜。是名第一波羅蜜。須菩提。忍辱波羅蜜。如來說非忍辱波羅蜜。是名忍辱波羅蜜。何以故。須菩提。如我昔為歌利王割截身體。我於爾時。無我相。無人相。無眾生相。無壽者相。何以故。我於往昔節節支解時。若有我相人相眾生相壽者相。應生瞋恨。須菩提。又念過去於五百世作忍辱仙人。於爾所世。無我相。無人相。無眾生相。無壽者相。是故須菩提。菩薩應離一切相。發阿耨多羅三藐三菩提心。不應住色生心。不應住聲香味觸法生心。應生無所住心。若心有住。即為非住。是故佛說菩薩心。不應住色布施。須菩提。菩薩為利益一切眾生故。應如是布施。如來說一切諸相。即是非相。又說一切眾生。即非眾生。須菩提。如來是真語者。實語者。如語者。不誑語者。不異語者。須菩提。如來所得法。此法無實無虛。須菩提。若菩薩心住於法。而行布施。如人入暗。即無所見。若菩薩心不住法。而行布施。如人有目。日光明照。見種種色。須菩提。當來之世。若有善男子善女人。能於此經受持讀誦。即為如來以佛智慧。悉知是人。悉見是人。皆得成就無量無邊功德。

須菩提。若有善男子善女人。初日分以恒河沙等身布施。中日分復以恒河沙等身布施。後日分亦以恒河沙等身布施。如是無量百千萬億劫以身布施。若復有人。聞此經典。信心不逆。其福勝彼。何況書寫受持讀誦。為人解說。

圖解

金剛經與心經

般若智慧的佛門寶典

撫慰喧囂塵世中的眾生
解脫生活於泥沼的世人

　　西元前六世紀，迦毗羅衛國的太子悉達多‧喬答摩修道成佛，被尊崇為「釋迦牟尼佛」，他也常被尊稱為「佛陀」，意為「覺悟者」。後來，釋迦牟尼佛帶領世人修佛、教導世人開悟，形成「佛教」，其所講述的人生至理亦被奉為經典。

　　西漢哀帝元壽元年，景盧出使大月氏，大月氏王使人為其口授《浮屠經》。東漢永平十年，漢明帝夢見金人，於是派人前往西域，迎來迦葉摩騰與竺法蘭兩位高僧，並且帶回許多佛像和佛經，並用白馬馱回首都洛陽。而後，皇帝命人修建房屋供其居住，並翻譯《四十二章經》，這座寺廟也就是現在的白馬寺。因此，在中國佛教史上，多以漢明帝永平十年作為佛教傳入之年，而白馬寺則成為中國第一座佛

寺，《四十二章經》也成為中國第一部漢譯佛經。之後，從東漢到南北朝時期，佛教迅速發展，隋唐進入鼎盛，宋元時期，佛教與儒釋道合流。佛教在傳入中國之後，逐漸成為中國文化的養分之一，中國的宗教、哲學、教育、語言、藝術等各方面，皆深受佛教影響。

佛教歷來經典計有數千卷之多，而《金剛般若波羅蜜經》（簡稱《金剛經》）即為其中流通最廣的經典之一。《金剛經》註疏甚豐，其中又以漢傳佛教著名譯師鳩摩羅什所翻譯之版本最為通行。《金剛經》的內容相傳是，釋迦牟尼佛在古印度舍衛城祇樹給孤獨園為須菩提尊者與眾生解釋「空」之概念的宣說。釋迦牟尼佛藉由解空第一弟子須菩提的提問，演譯何謂「空」。此經為闡揚佛陀智慧、佛法精髓的代表，且隨時間推移逐漸成為家喻戶曉的佛學寶典。

《金剛經》更曾受唐玄宗定為佛教最重要的經典，並親自為其作註；而明成祖也曾親自撰寫《金剛經百家集註大成》一書。由此可見，上至帝王將相，下至平民百姓無不對《金剛經》推崇備至。

另外，佛教還有另一重要經典。西元七

世紀，唐代著名三藏法師玄奘遠赴西天取經，歷經十七載祁寒暑雨，帶回六百五十七部佛經並加以翻譯。而後，玄奘將其中所有的般若經譯為《大般若波羅蜜多經》，共計六百卷。該經除了包含《大品般若經》與《小品般若經》外，還有佛陀於靈鷲山、給孤獨園等處說法的內容。而《般若波羅蜜多心經》（簡稱《心經》），則是《大般若波羅蜜多經》加以濃縮成為二百六十字的極精簡經，是般若經系列中極為重要的一部經典，常被認為可以與般若經類的《金剛經》相互詮釋。而玄奘的翻譯貼近原旨，通順流暢，大大加深《心經》的影響力。現今，玄奘所譯之《心經》已成為全世界流傳最廣的佛學經典。

　　從古至今，有文人因《金剛經》文字優美而讀誦，也有學者因《心經》哲理豐富而研究，而習佛之人更視此二經典為修心的指南、開悟的金鑰，其餘世人也常以誦讀佛經為日常功課。事實上，佛教並非只是一種宗教或哲學，更是啟發人生智慧的無上真理，得以撫慰喧囂塵世中的眾生，解脫生活於泥沼的世人。

作者　謹識

🍃作者序 ……………………………………… 003

🍃三界九地之圖 …………………………… 010

佛教緣起

🚩佛教緣起 …………………………………… 014

🚩釋迦牟尼佛 ………………………………… 015

🚩佛陀降生 …………………………………… 016

🚩佛陀早年 …………………………………… 018

🚩成佛之路 …………………………………… 020

🚩佛陀涅槃 …………………………………… 023

🚩佛教發展 …………………………………… 024

漫談金剛經

🚩關於金剛經 ………………………………… 030

🚩經題涵義 …………………………………… 031

🚩經書緣起 …………………………………… 037

🚩譯者介紹 …………………………………… 039

金剛經詳說

＊第一章　法會因由分 …………… 042

＊第二章　善現啟請分 …………… 048

＊第三章　大乘正宗分 …………… 055

＊第四章　妙行無住分 …………… 061

＊第五章　如理實見分 …………… 067

＊第六章　正信希有分 …………… 071

＊第七章　無得無說分 …………… 078

＊第八章　依法出生分 …………… 082

＊第九章　一相無相分 …………… 088

＊第十章　莊嚴淨土分 …………… 096

＊第十一章　無為福勝分 …………… 102

＊第十二章　尊重正教分 …………… 107

＊第十三章　如法受持分 …………… 113

＊第十四章　離相寂滅分 …………… 120

＊第十五章　持經功德分 …………… 130

＊第十六章　能淨業障分 …………… 136

＊第十七章　究竟無我分 …………… 142

＊第十八章　一體同觀分 …………… 152

＊第十九章　法界通化分 …………… 160

＊第二十章　離色離相分 …………… 165

＊第二十一章　非說所說分 …………… 170

＊第二十二章　無法可得分 …………… 174

＊第二十三章　淨心行善分 …………… 179

＊第二十四章　福智無比分 …………… 183

＊第二十五章　化無所化分 …………… 188

＊第二十六章　法身非相分 …………… 192

＊第二十七章　無斷無滅分 …………… 197

＊第二十八章　不受不貪分 …………… 201

＊第二十九章　威儀寂靜分 …………… 206

＊第三十章　一合理相分 …………… 211

＊第三十一章　知見不生分 …………… 215

＊第三十二章　應化非真分 …………… 219

漫談心經

- 關於心經 ……………………………… 226
- 經題涵義 ……………………………… 227
- 經書緣起 ……………………………… 228
- 譯者介紹 ……………………………… 230

心經詳說

* 第一章 總持分 ……………………………… 234
* 第二章 色空分 ……………………………… 239
* 第三章 本來分 ……………………………… 245
* 第四章 法用分 ……………………………… 250
* 第五章 果德分 ……………………………… 257
* 第六章 證知分 ……………………………… 263
* 第七章 秘密分 ……………………………… 267

書法大家墨寶集錦 ……………………………… 271

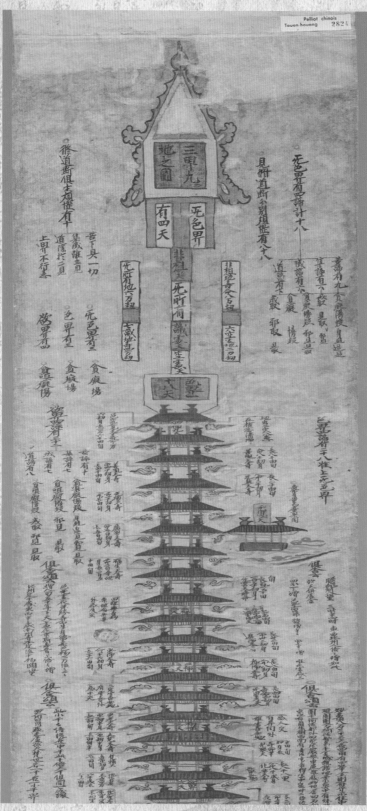

◀三界九地之圖
法國國家圖書館藏

　　三界也就是欲
界、色界、無色界。
下起地獄，上至他化
天，其中眾生因有
淫食二欲，故稱為欲
界。下起初禪，上至
有頂，其中眾生雖已
斷欲，但尚有色身，
故稱為色界。上則四
空天，其中眾生並色
身亦無，故稱為無色
界。

而九地呢？欲界合為一地，稱為五趣雜居地。色界有四地，分別是初禪名離生喜樂地、二禪名定生喜樂地、三禪名離喜妙樂地、四禪名捨念清淨地。無色界有四地，分別是空無邊處地，識無邊處地，無所有處地，非想非非想處地。合稱為九地。

　　佛教的本質雖為佛陀的教導，但後來更成為一種宗教、一種文化，在現代社會生活中更發揮極其重要的影響力，且對文學藝術的影響也非常顯著。在中國、日本等地的文學作品大量浸潤佛教色彩，特別是民間流傳的文學作品，很多都內含佛教的因果報應和行善去惡的思想。

　　各地聳立的佛塔、金碧輝煌的寺院，以及各式的佛像和石窟更成為世界性的藝術瑰寶。現如今，佛教早已傳遍世界各地，與基督教、伊斯蘭教併稱為現代世界三大宗教。

佛教緣起

* 佛教緣起
* 釋迦牟尼佛
* 佛陀降生
* 佛陀早年
* 成佛之路
* 佛陀涅槃
* 佛教發展

佛教緣起

　　西元前六世紀，古印度河流域迦毗羅衛國的王室太子悉達多‧喬答摩創立了佛教。當時，三十五歲的悉達多‧喬答摩修道成釋迦牟尼佛，而後開始對世人開示「苦、集、滅、道」的人生智慧。其教導內容漸漸成為世人的信仰，佛教因而宗教化，最終成為現代世界三大宗教之一（另外世界兩大宗教為基督教、伊斯蘭教）。

　　後來，佛教透過南、北兩條傳播途徑，開展為南傳上座部佛教、北傳大乘佛教兩大支脈，各支脈又分出諸多宗派。而大乘佛教又分為顯宗（漢傳佛教的主要內容）和密宗（藏傳佛教的主要內容），因此又有上座部佛教、漢傳佛教（大乘）、藏傳佛教（金

犍陀羅式釋迦牟尼佛像　日本東京國立博物館藏

　　釋迦牟尼佛，原名悉達多‧喬答摩，為佛教創始人。佛教初期沒有造佛像的習慣，因為當時的佛教徒認為直接塑造釋迦牟尼佛的形象是對佛陀的褻瀆，所以便用佛座、佛足印、蓮花、菩提樹、法輪、佛塔等象徵佛陀的形象。而犍陀羅式佛像，又稱為希臘印度式或羅馬印度式佛像。印度貴霜帝國迦膩色迦王在位時，與希臘文化交流密切，這使得希臘藝術對印度文化產生了潛移默化的影響。而犍陀羅式佛像，形似歐洲人，面貌像希臘人，但又帶有印度風格。

剛乘）三分法。南傳佛教（上座部佛教）主要以聲聞乘阿羅漢果為最高聖位，北傳佛教（大乘佛教，含漢傳佛教與藏傳佛教）則追求在未來世成佛，最高聖位或成佛皆稱為「涅槃」。

釋迦牟尼佛

佛陀為古印度著名思想家、教育家、宗教改革者，且為世界性宗教佛教創始人。又常被稱作「釋迦牟尼佛」、「世尊」、「如來」、「釋迦如來」、「釋迦文佛」、「釋迦佛」。

佛陀，意為「悟道者」，漢譯為「覺悟者」、「覺者」。由於其智慧具足，三覺圓明，知一切法及一切行，覺悟宇宙生命實相真理，並能教導一切眾生覺悟，因而得名。

佛陀亦常被稱為「釋迦牟尼佛」。釋迦牟尼，意為「能仁寂默」，指能在寂靜默然之中，以仁德救度一切眾生。「釋迦」是其種族之姓，意為「能仁」；「牟尼」則是古印度對於聖者的尊稱，意為「寂默」。

佛陀具備般若智慧，能仁隨緣，寂默不變。由於佛陀不變，是

—— 佛陀坐像　美國檀香山藝術博物館藏 ——

佛陀，又稱為「釋迦牟尼佛」、「世尊」、「如來」、「釋迦如來」、「釋迦文佛」、「釋迦佛」。當佛陀坐下來時，身體總是放鬆的，且心念專注，不會隨便移動，就像大鐘一樣穩重。佛陀的坐姿分為兩種：一、雙盤（跏趺坐）。將左右兩足交叉，兩腳背相互放於左右兩腿上，兩隻腳心朝上，又稱為禪定坐。此坐像為雙盤。二、單盤（半跏趺坐）。將左腳放在右腿上，或是右腳放在左腿上。

以隨緣；雖然隨緣，卻又不變。在寂然不動之中，佛陀便能感遂通，所以「一切眾生若干種心，如來悉知、悉見」。所有眾生的心，無論多寡，因佛陀能仁，所以就能悉見；因其能寂默，所以就能悉知。即世人一切所作所為，佛陀都得以知曉知道。因此，世人修道，便要存有真心，使得寂然不動的佛陀，能感而通之，以助成佛。

佛陀降生

佛陀原名「喬達摩・悉達多」，為古印度迦毗羅衛國的太子，其父為國王淨飯王，其母為摩耶夫人。摩耶夫人來自鄰近的拘利國，是天臂城主善覺王的胞妹。摩耶夫人在嫁給淨飯王後，多年並未生育。某天夜裡，她夢到一頭六牙白象王飛入自己的體內，夢醒時便懷有身孕。佛教律藏《根本說一切有部毗奈耶破僧事》記載，當佛陀入胎時，摩耶夫人曾夢見以下四事：「一者，見六牙白象來處胎中；二者，見其自身飛騰虛空；三者，見上高山；

摩耶夫人像　法國吉美博物館藏

摩耶夫人，又稱摩耶王后，被尊稱為「吉祥偉大的摩耶夫人」。古印度淨飯王的妻子、釋迦牟尼佛的生母。摩耶在梵語和巴利語中意為幻化，在尼泊爾語則是指「愛」，在佛經中又被尊稱為摩訶摩耶（意為偉大的摩耶）。摩耶夫人於釋迦牟尼佛出生七天後去世，升入忉利天。

四者，見多人眾頂禮圍繞。」夢醒時，摩耶夫人將此事奏告淨飯王，淨飯王便請人為摩耶夫人解夢。解夢之人於是說道：「王大夫人必當生男，具足三十二丈夫之相，莊嚴其身。若紹王位，當乘金輪，伏四天下。若出家修道，證法王位，名聞十方，作眾生父。」

依據印度古代風俗傳統，女子生產時，必須回到娘家生產。因此，摩耶夫人便在即將分娩之時，啟程趕往天臂城。途經藍毗尼園時，摩耶夫人下車稍做休息。這時，她看見園中有一棵美麗鮮豔的無憂樹，當摩耶夫人欲伸手摘取一支無憂樹枝時，佛陀就突然從摩耶夫人的右側腋下肋骨（即右脅）降生而出。

此佛陀降生之地——藍毗尼園，從此便被視為佛教聖地，其遺址現由尼泊爾政府作為古蹟保護，供眾人參觀、瞻仰。而《佛本行集經》也曾記載佛陀從右脅降生後，不但清淨無染，且母身安穩，代表佛陀成道能為眾生說清淨法，使眾生迴邪入正。

佛教緣起

白象入胎雕刻　英國大英博物館藏

摩耶夫人在嫁給淨飯王後，多年未生育。某天夜裡，摩耶夫人夢見一頭六牙白象騰空而來，從自己的右脅入腹，隔日便發現自己懷有身孕。

根據《金剛仙論》記載，佛陀降生時曾出現三種吉祥瑞兆，一是佛陀運用神通妙力，淩空而行；二是空中現出七寶蓮花承接佛足；三是佛陀行走之時，足底離地四指高，並向東、西、南、北四方各行七步後，一手指天，一手指地，說道：「天上天下，唯我獨尊。」可惜的是，佛陀降生之後七天，摩耶夫人便倉促離世了。後來，淨飯王迎娶摩耶夫人的妹妹波闍波提為妻，佛陀便由波闍波提撫養成人。

佛陀早年

佛陀誕生之初，負責占卜禍福的婆羅門（即「祭司」）曾預言佛陀未來將成轉輪聖王，統一四海，或出家得道。而年幼的佛陀亦喜愛靜坐，反對暴力爭戰。這使得淨飯王頗為憂慮，擔憂自己的兒子無法成為一位優秀的君主。於是，淨飯王為了避免佛陀出家，便下令將其起居行止限制在王城內，並將王城內的所有老者、病者、貧者遷出，

佛陀出城雕刻　美國聖地牙哥美術館藏

二十九歲的佛陀曾出城，途經東、南、西、北城門時，分別遇見老人、病人、死者和修行者，深感人間生老病死的痛苦，又稱為「四門之遊」。

再以華衣、美食伺候，並將一位德貌雙全的女子耶輸陀羅嫁給佛陀，試圖以世間欲樂斷除其出家的念想。

當佛陀二十九歲時，他終於得以出宮城。他駕車經過東、南、西三座城門時，見到許多老人、病人、死者，觀見人世間老、病、死三種狀態，從此體悟世人都有不可逃避的痛苦，並且人生在世，生必有死，無論何人都無法倖免。接著，佛陀駕車經過北門，看到一位苦行僧，他便決定奉行此修行之法，以擺脫命運的枷鎖。從這一天開始，佛陀便經常在閻浮樹下沉思，但仍然不得離苦之道。於是，佛陀便下定決心離開宮城、妻小，獨自出宮修習苦行。以上佛陀深感生老病死等世間苦惱的經歷，便被稱為「四門之遊」。

為了尋求解脫，佛陀遍訪名師，還曾遇到印度哲學數論派的上師阿羅邏伽藍。日後，佛陀便按照阿羅邏伽藍所說的教義與教規生活。該教義主張透過禪定，達到「無所有處定」的禪定狀態。不久，佛陀就達到阿羅邏伽藍的要求。然而，佛陀卻不滿足於此學說，不久之後選擇退出。仍未成道的佛陀又

佛陀苦行石雕像　巴基斯坦拉合爾博物館藏

佛陀在出家後，曾苦行長達六年之久，而後發現「苦行」無法求得真正解脫，於是佛陀便開始提倡既不苦行亦不縱慾的中道。

跟隨外道仙人優陀羅羅摩子修行，從而得到「非想非非想處定」的禪定狀態，但佛陀認為這仍然不是解脫的最終境界。

 ## 成佛之路

之後，佛陀與五位比丘（即「男性出家人」）在苦行林中修習苦行六年，忍受飢餓痛苦。當時佛陀的苦行過程可見於《增一阿含經》：「我昔未成佛道時……若復極盛熱時，野馬縱橫，露其形體而坐，夜便入深林中。若復極寒之日，風雨交流，晝便入林中，夜便露坐……若我至塚間，取彼死人之衣而覆形體……有 牛之處，設見犢子 ，便取食之，若無犢子 者，便取大牛 食之……日食一麻一米，形體劣弱，骸骨相連，頂上生瘡，皮肉自墮，猶如敗壞瓠盧，亦不成就我頭，爾時亦復如是，頂上生瘡，皮肉自墮，皆由不食故也。」

在某次苦行中，佛陀昏倒了。恰巧有位牧羊女輸伽陀經過，並即時讓佛陀飲用羊乳，佛陀這才因而得救。由於此次經歷，讓佛陀瞭解

佛陀證道成佛雕刻　美國佛利爾美術館藏

佛陀於苦行六年後，決定轉而前往菩提伽耶，坐於菩提樹下。上座部佛教《南傳菩薩道》記載，佛陀下定決心：「且讓我剩下皮，且讓我剩下腱，且讓我剩下骨頭，且讓我的血肉乾枯。除非能證悟一切知智，否則我絕不從此座起身。」而依《南傳大藏經》記載，佛陀入四種禪、得三明、現觀四諦與十二緣起，而成無上正等正覺。

到苦行無法達到解脫，於是他便開始提倡既不苦行亦不縱慾的中道。

　　佛陀轉而前往菩提伽耶，坐於一棵菩提樹下打坐沉思，並發誓如若自己未能大徹大悟，便終身不起。在經過了三天三夜的冥想後，佛陀突然心生解脫之道而覺悟。悟道後，佛陀又繼續思考了四十九天之久，接著便開始傳道弘法。

　　而佛陀悟道所達成的境界，在南傳佛教和北傳佛教的記載中各有不同。南傳佛教認為佛陀入四禪、得三明、觀四諦與十二緣起，而成無上正等正覺；北傳佛教則認為佛陀發願不成正覺，永不起身，並於天正曉明之時，瞻望明星而悟得三明與四諦，證得無上正等正覺。

　　佛陀悟道後，在波羅奈國鹿野苑開始傳道，為阿若憍陳如等五比丘宣說四聖諦，此為出家僧團的開端。後來，波羅奈國俱梨迦長者之子耶舍與四位友人也一起加入僧團，隨後又有五十人加入，僧團因而擴大，也開始出現在家修行的居士。之後，佛陀弟子舍利弗、目犍連又率二百人加入僧團，優樓頻羅迦葉、伽

佛陀教化五比丘雕刻　美國佛利爾美術館藏

　　五比丘，又作五佛子、五弟子，為佛陀最初的五個弟子。最初，佛陀便是與這五位比丘於苦行林中修習苦行，但後來佛陀因饑餓昏倒，飲用了牧羊女供養的羊乳。五比丘便認為當時的佛陀已放棄修道，於是離開他至鹿野苑苦行林繼續苦修。佛陀悟道後，便於波羅奈國鹿野苑開始傳道，為憍陳如等五比丘宣說四聖諦，此為出家僧團的開端。

耶迦葉、那提迦葉三兄弟亦率領一千人加入。這些前期跟隨佛陀身側的一千二百五十名弟子，成為僧團的重要人物，又稱「常隨眾」。

　　而佛陀在鹿野苑宣說佛法——示轉（初轉）、教轉（二轉）、證轉（三轉），被稱為「三轉法輪」。《解深密經》記載，佛陀初轉法輪是宣說四聖諦（即「苦、集、滅、道」），說明眾生流轉到煩惱的還滅，該次說法內容被記錄為《阿含經》（含《長阿含經》、《中阿含經》、《雜阿含經》、《增壹阿含經》）。

　　二轉無相法輪則藉由體悟世間一切法皆空無自性、心生悲憫眾生的大慈悲心時，不能執著於證得涅槃之境，並使得眾生進入無餘涅槃界，該次說法內容被記錄為《大品般若經》及《小品般若經》等。

　　三轉善分別法輪則因眾生仍不瞭解空性，佛陀便為眾生進一步解釋，以更淺顯明白的方式開示一切法無生無滅，本來寂靜，自性涅槃，該次說法內容被記錄為《楞伽經》、《楞嚴經》、《解深密經》、《大般涅槃經》、《如來藏經》、《妙法蓮華經》等。

釋迦牟尼佛涅槃圖　美國大都會藝術博物館藏

　　佛陀在不斷救度眾生後，於八十歲入涅槃，不再進入下一世的六道輪迴之中，滅除人世種種煩惱與痛苦。此圖右上角繪有從天而降的摩耶夫人，還有毘舍離城的婦人將手搭在佛陀的腳邊。畫面中的佛陀是金泥身，衣紋則採用切金紋樣的金泥彩。眾菩薩為白肉色身，並用紅線描出輪廓，羅漢等大眾則是紅黑線畫出肉色身。

佛陀涅槃

爾後，佛陀不斷救度眾生並為眾生講法。待到八十歲時，佛陀親自宣布自己將在三個月後離開人世，並不再進入下一世的六道輪迴之中，即悟入涅槃之境。若得涅槃，就再也沒有生命中的種種煩惱與痛苦。

三個月後，佛陀某日與眾弟子一同朝向西北方行走，途中有位鐵匠純陀向佛陀獻上世間奇珍栴檀樹耳。佛陀在食用之後病情加重，卻仍然不動聲色地帶領眾弟子前往拘尸那揭羅城的連尼耶跋提河岸，告訴眾弟子自己將入涅槃，並命弟子阿難在兩棵娑羅樹中間鋪上臥具。

佛陀以頭部向北的方式躺下，向右側偃臥，左足置於右足之上。眾弟子皆守候在側，待聆聽佛陀最後的教誨，而後佛陀便進入涅槃。

佛陀從成道至涅槃前，曾開過逾三百次法會，除了最初度化的五比丘等一千二百五十位常隨眾外，他還到過印度各國現身說法。佛陀畢生本著

—— 阿育王柱　荷蘭皇家東南亞及加勒比研究所藏 ——

阿育王為印度孔雀王朝的第三代君主，為虔誠的佛教徒，因其大力宣揚佛法、推廣佛教的緣故，因而為佛教帶來空前的繁榮。阿育王為了讓世人銘記戰功和宣揚佛法，於國內建造許多石柱，刻上敕令和教諭，這些石柱便被稱為「阿育王石柱」。

慈悲喜捨的宏大誓願講經說法、普度眾生，如同普施甘露一般，滋潤一切；又像如意寶珠一樣，圓光普照，隨物現色。佛陀說法隨類現身，隨機設教，能為眾生各不相同的根機宣說各類妙法，正如《維摩詰所說經》提到：「佛以一音演說法，眾生隨類各得解。」

佛教發展

佛陀涅槃後，佛教漸漸衍生出不同部派。自從印度孔雀王朝阿育王開始推廣佛教，佛教便不斷向外傳播，而傳播方向主要分為南傳佛教和北傳佛教。

佛教史上曾經有四次（或稱三次）集合僧團共同誦出佛經，再確

定正式經典的情況，稱為四次（或三次）「結集」。佛教經典的第一次結集發生在釋迦牟尼入滅後不久，由大迦葉主持。在王舍城集合了五百名被認為已經證得羅漢果位的僧人（五百羅漢），確立最初的佛經體系。此次集結由迦葉主持，阿難負責誦出

唐代佛陀坐像　美國大都會藝術博物館藏

唐代雖以道教為國教，但佛教亦備受推崇，先後有唐高宗、武則天、唐中宗、唐肅宗、唐德宗、唐憲宗、唐懿宗和唐僖宗八位皇帝六迎二送供養舍利子。每次迎送皆聲勢浩大，皇帝頂禮膜拜，朝野響應。

經藏，優波離負責誦出律藏。

　　佛教經典的第二次結集，據記載發生在佛滅後百年。根據上座部諸律藏記載，此次結集由於毘舍離比丘違反十種戒律的規定（十事），為此集合七百名比丘討論十事是否符合律法。討論的結果為「十事」非法，七百比丘並在此後合誦經典。但是，南傳佛教的《島史》記載，與此同時，以毗舍離僧人為代表的眾多僧人也集合了一萬人，並進行自己的集結，稱為大集結。由此，引起佛教上座部和大眾部的分裂，稱為「根本分裂」。後來，隨著教徒對戒律、教義見解的差異，兩大部派又再度分化，直到佛教中慢慢形成大乘佛教為止，此即所謂的「枝末分裂」。

　　南傳佛教以上座部佛教為主，固守佛陀的言傳身教。認為佛陀出現於世間乃是為了幫助其他眾生增加智慧、滅除痛苦、脫離輪迴、導向寂止。而世人必須修四念處與覺知五蘊的剎那生滅、無常、苦、無我，才有辦法證悟四道、

釋迦如來像　美國大都會藝術博物館藏

　　《日本書紀》記載，佛教於西元六世紀欽明天皇在位之際傳至日本，百濟國聖明王曾贈予佛陀的金銅像與經論。而朝鮮佛教最早是則是由中國傳入，為前秦苻堅遣使派僧而去，之後又有阿道法師赴高句麗。現如今，佛教早已傳遍世界各地，與基督教、伊斯蘭教併稱為現代世界三大宗教。

四果、涅槃，且斷除所有煩惱，脫離輪迴，從而成為佛、辟支佛、阿羅漢。

而南傳佛教又認為佛、辟支佛、阿羅漢的解脫並沒有差別，因為佛陀曾經說過，辟支佛和阿羅漢永無來生，究竟解脫。因此，若世人成為辟支佛和阿羅漢，他們就不需要繼續修佛，也不會再進入輪迴了。之後，南傳佛教經由斯里蘭卡，傳播到緬甸、泰國、印尼、寮國、柬埔寨、越南南部等地。

北傳佛教則以大乘佛教為主，主張要自利利他才得以圓滿成佛。認為成就佛果，不但要有自度的決心，更要有度人的決心。其修行過程必須是一方面透過思辨、禪修實證空性心、實相心，以獲取無上實相智慧；一方面以利樂眾生的慈悲心，行種種六度助人、度人的善行。唯有如此才能證得最後的無上果位，成為最上正覺之佛。

北傳佛教又可分為傳入中國的「漢傳佛教」與傳入西藏的「藏傳佛教」。約在兩漢之間，中國與西域之間的絲綢之路日漸繁榮，中外經濟與文化交流全面展開。佛教便在此時，經由印度北部、新疆，沿

《心經》墨蹟　元代趙孟頫

《般若波羅蜜多心經》是闡述大乘佛教的空相和般若思想的經典，又稱《佛說摩訶般若波羅蜜多心經》、《摩訶般若波羅密多心經》，簡稱《般若心經》、《心經》。是為《大般若波羅蜜多經》加以濃縮後成為二百餘字的極精簡經典，因此是般若經系列中極為重要的經典，常被認為可以與般若經類的《金剛經》相互詮釋。

著絲綢之路開始傳入中國，這種佛教稱為「漢傳佛教」。

　　其傳播路線主要有兩條，一條是經巴基斯坦、阿富汗、新疆等地到達洛陽；另一條則是經印度洋、太平洋、南洋諸島，最後到達廣州。爾後，漢傳佛教又流傳至韓國、日本及越南等地。

　　漢傳佛教形成初期，多限於引進並翻譯佛經。到了南北朝時期，諸多帝王崇信佛教，習佛之人空前增長，且有大量佛經譯出，使得佛教擴大傳播與發展。隋唐時期，佛教大為鼎盛。不過，佛教在中國因深受儒家、道家等思想影響，是以形成中國特有的佛教思想和理論，並產生許多宗派，如天台宗、淨土宗、華嚴宗、密宗等，其中以禪宗的影響力最大。

　　而佛教的本質雖為佛陀的教導，但後來更成為一種宗教、一種文化，在現代社會生活中更發揮極其重要的影響力。且對文學藝術的影響也非常顯著，在中國、日本等地的文學作品大量浸潤佛教色彩，特別是民間流傳的文學作品，很多都內含佛教的因果報應和行善去惡的思想。各地聳立的佛塔、金碧輝煌的寺院，以及各式的佛像和石窟更成為世界性的藝術瑰寶。現如今，佛教早已傳遍世界各地，與基督教、伊斯蘭教併稱為現代世界三大宗教。

佛教緣起

　　《金剛經》以金剛比喻三種般若智慧。當世人能證得此等金剛般若時，將得以到達不生不滅的涅槃彼岸。而波羅密意為「到彼岸」，亦常譯為「度」。此岸有各種煩惱與生死之苦；彼岸則為解脫與涅槃。聆聽佛陀的般若大智慧與修習佛法，便是為了能渡過生死之海，登赴涅槃彼岸。

　　如《華嚴經》所記載：「譬喻船師，常以大船，於河流中，不依此岸，不著彼岸，不住中流，而度眾生，無有休息。菩薩摩訶薩亦復如是，以波羅密船，於生死海，不依此岸，不著彼岸，不住中流；而度眾生，無有休息。」

漫談金剛經

* 關於金剛經
* 經題涵義
* 經書緣起
* 譯者介紹
* 金剛經詳說

關於金剛經

所有佛教經典計有數千卷之多，而《金剛經》即為所有佛經中流通最廣、注疏最豐的經典之一。

《金剛經》，全稱為《金剛般若波羅蜜經》，現今流傳最廣的版本是由漢傳佛教著名譯師鳩摩羅什所翻譯的，為大乘佛教般若部的重要經典之一。全經記錄佛陀與弟子須菩提的對談，此次對談的地點在舍衛國祇樹給孤獨園，而兩人對談的主要目的則在於為世人宣說「萬法皆空」之理。

《金剛經》全文未出現一個「空」字，但通篇討論的都是「空」的智慧。經文前半部解說「眾生空」，後半部則說明「法空」。

經文開始，由號稱佛陀六大弟子之一的「解空第一」須菩提發問，當眾生立定志向要達到無上圓滿的覺智時，應該將發心的目標定在哪

佛陀坐圖　美國華盛頓弗里爾美術館藏

《金剛經》為佛陀於舍衛國祇樹給孤獨園為須菩提說法的記錄，兩人對談的主要目的在於為世人宣說「萬法皆空」之理。

裡呢？而如果在實踐的過程中，眾生的真心無法安住，又應該如何降伏其心呢？也就是如何使世人的心靈平和安住。《金剛經》便是由佛陀圍繞著此問題為須菩提解答而展開。

《金剛經》主張離一切諸相、應無所住而生其心，以般若智慧證得空性，破除一切名相，從而達到不執著於任何一物，且體認諸法實相空性的境地。當世人讀誦《金剛經》時，便能瞭解佛法的空性和慈悲精神，體會佛法的廣博，深入領悟解開心結，覺悟透徹的自性真諦。《金剛經》也因此被視為佛法的入門經典。

經題涵義

《金剛經》，全稱為《金剛般若波羅密經》，此經題為鳩摩羅什所譯。此八字為此經的總題，前七字是別題，後一字是通題。

金剛，指堅固而無能截斷者，世間無任何一物可以替代或毀壞金剛，所以提到不可被毀壞、替換之法，便稱為金剛。其所指又有二，一是金剛石，二是金剛寶。金剛石其體最堅，其性最明，其用最利。堅故不可壞，明

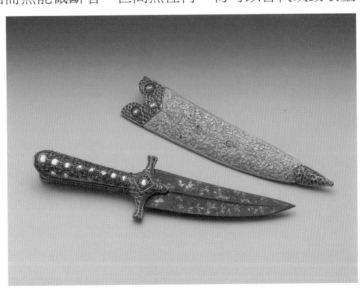

金鑲寶石降魔寶刀　清代文物

此刀刀柄與刀鞘兩端鑲有紅綠寶石及金剛鑽。金剛，為鑽石與閃電的梵文名稱。鳩摩羅什所譯之《金剛經》將智慧比喻為金剛，其認為如金剛般無法毀壞的般若智慧能斷滅一切煩惱。

故能破暗，利故能壞一切物。而金剛寶則為菩薩寶冠上的飾物，由無漏功德所得。金剛石雖然堅固，但仍可分割；唯獨金剛寶，才真能不受一切物所壞。金剛舉世稀有，《金剛經》便以金剛比喻佛門般若智慧的稀有。

《金剛經》以金剛之明比喻般若之相，相即文字般若。文字般若能詮理解惑，破除眾生無明煩惱，照見佛陀中道之空理。因此，《大般若波羅蜜多經》提到：「譬喻影光，雖可顯法，而實無法可令執取；雖無可執取，而有所顯。」

《金剛經》以金剛之利比喻般若之用，用即觀照般若。觀照般若能破執斷惑，證入諸法實相。因此，《大智度論》提到：「智慧為好劍，外破魔王軍，內滅煩惱賊。」

《金剛經》以金剛之堅比喻般若之體，體即實相般若，實相

廬山讀書圖　明代徐賁

般若，本義為「超越之智慧」，又可分為文字般若、觀照般若、實相般若三種。世人欲求得文字般若，就必須理解佛陀宣說佛法的言教與身教。現今雖已無法親眼見證佛陀現身說法，但世人仍可透過閱讀、誦讀經書一探佛陀深意。

無相，不可破壞。因此，《妙法蓮華經》提到：「是法住法位，世間相常住。」

此經題便是以金剛喻般若，因而名為「金剛般若」。般若，本義為「超越之智慧」，為一種分辨是非、於法簡擇的覺知能力。世間所有眾生皆生而具有般若智慧，差別只在於自身有無察覺、護養、發揮其般若智慧而已。善用般若智慧之人，能依此選擇正確的人生道路；而丟失或不善護養其般若智慧之人，則會陷於愚癡無明的境地。

般若又可分為文字般若、觀照般若、實相般若三種。首先解釋「文字般若」，指佛陀宣說真理的言教與身教，這包括佛陀在涅槃滅度後，其弟子所結集的三藏十二部經典。不過世人要特別注意，佛陀宣說的所有諸法實相之理，其本質並無法透過言語而得。只因佛陀為憫憐眾生迷真逐妄，枉入輪迴，因而運用

秋江待渡圖 宋代李唐

波羅密，意為「到彼岸」，又譯為「度」。佛陀宣說佛法與般若智慧之目的，便是為了救度眾生至涅槃彼岸，所以佛法與般若智慧就如同渡船一般可載渡眾生。

種種語言與文字演說諸法，以便為眾生指點迷津。正如《妙法蓮華經》記載：「諸法從本來，常住寂滅相，不可以言宣。」

所以佛陀雖然演說諸法，卻不見有法可說；雖然不見有法可說，可是為了救度眾生，不妨實行方便，觀機設教，對病施藥，演說諸法，即「無說而說」。如同《大般若波羅蜜多經》所提到：「般若波羅蜜多，微妙甚深，實不可說，今隨眾生所知境界，以世俗文字，方便演說。」

那麼「觀照般若」又是什麼呢？若就求佛道自利的功德來說，觀照般若是由文字般若所啟發的覺智。而修佛之人本此覺智，觀照自性，入畢竟空，得根本智，而證諸法實相之理。另外，若就下化眾生以利他的功用來說，觀照般若是觀機設教、廣作佛事的方便智慧。

最後，何謂「實相般若」呢？即諸法實相。就萬物方面來說，指的是宇宙之理；就眾生方面來說，指的是眾生之佛性。《大智度論》記載：「般若者，即一切諸法實相，不可破，下可壞。」因為宇宙之理與眾生佛性本就是不生不滅、不變不壞的。而此不變不壞的佛性又有隨緣的作用，即《大智度論》所言；「不變隨緣，隨緣不變。」然佛性雖隨緣，其體不變，無不相妄性真，所以又說是「不空而空」。

鳩摩羅什像　新疆克孜爾千佛洞

西域龜茲著名譯師鳩摩羅什所譯之《金剛般若波羅蜜經》，是為流傳最廣的《金剛經》版本，其語言簡練流暢，內容確切真實，其他譯註版本均未能與之並駕齊驅。

若眾生無法理解宇宙人生「空而不空，不空而空」之理，被宇宙萬有的現象所迷惑，則會陷於愚癡無智之中。因為追求物質的享受，心起貪、瞋、癡，身作殺、盜、淫，造諸惡業，因業感果，招致無量煩惱，輪迴於六道生死之中。

當世人明白「緣起性空」之理——我空，法亦空；有為法空，無為法亦空；相空，性亦空；乃至空亦復空，連空空之相亦不可得。這便是以般若智慧徹照諸法之理，證得諸法實相，所以實相般若不僅為諸法真相、宇宙原理，更是人類的最高智慧。

《金剛經》以金剛比喻三種般若智慧。當世人能證得此等金剛般若時，將得以到達不生不滅的涅槃彼岸。而波羅密意為「到彼岸」，亦常譯為「度」。此岸有各種煩惱與生死之苦；彼岸則為解脫與涅槃。聆聽佛陀的般若大智慧與修習佛法，便是為了能渡過生死之海，登

第十一租查巴納塔嘎尊者　清代姚文瀚

六波羅密，又稱為「六度」。指的是布施，持戒，忍辱，精進，禪定，般若六種法門。布施能度慳貪，即吝嗇而貪得；持戒能度毀犯，即指破戒；忍辱能度瞋恚，即氣憤發怒；精進能度懈怠，即懶散不勤勉、輕慢不莊重；禪定能度散亂，即指心亂；般若能度愚癡，即愚笨癡蠢。

赴涅槃彼岸，如《華嚴經》所記載：「譬喻船師，常以大船，於河流中，不依此岸，不著彼岸，不住中流，而度眾生，無有休息。菩薩摩訶薩亦復如是，以波羅密船，於生死海，不依此岸，不著彼岸，不住中流；而度眾生，無有休息。」

　　波羅密又可分為六波羅密與十波羅密。六波羅密指布施、持戒、忍辱、精進、禪定、般若六種法門。布施能度慳貪；持戒能度毀犯；忍辱能度瞋恚；精進能度懈怠；禪定能度散亂；般若能度愚癡，因此又名「六度」。

　　而六波羅密之上再設方便、願、力、智四法門，即名為「十度」。十度之中，以第六度最為重要。因為第六度般若波羅密，既可以導引前五度，又可以生出後四度廣修福慧。而修習六度或十度法門之人，將可往赴涅槃彼岸，這就是《金剛經》的終極目標。

　　若世人得以受持、誦讀《金剛經》，從其經文之中啟發文字般若，繼而

———— 明成祖全身像　台灣國立故宮博物院館藏 ————

　　明成祖，本名朱棣，為明代第三位皇帝，其在位期間被稱為「永樂盛世」。明成祖曾應國師姚道衍之請，以鳩摩羅什所譯之《金剛經》為底本，作《金剛經百家集註大成》一書。

藉由觀照般若省視自身，照見宇宙之理，明白諸法空性，破除我執、法執，最終證得實相般若。如此一來，世人將可以渡生死之海，登涅槃彼岸，乃至究竟覺悟，成就圓滿佛道。因此，此經便名為《金剛般若波羅密經》。

經書緣起

般若部經書在東漢時期便已傳入中國，於魏晉南北朝頗為盛行。當時在中國，玄學甚為風行，文人推崇老莊，崇尚虛無。因玄學思想與般若經典所強調的空性，表面上看起來頗為相似，於是時人便一同研究起了般若經典。而僧人也為了弘法方便，開始以老莊思想闡釋般若思想，因而產生各種佛教思想流派，形成六家七宗，成為般若學弘揚史上的輝煌時期。

五胡十六國時，出生於西域龜茲國的著名譯師鳩摩羅什，耗時十年潛心鑽研佛學，將梵文經卷譯成漢文，諸如《金剛般若波羅蜜經》、《中論》、《大智度論》、《妙法蓮華經》等經典，並在譯經之餘宣講眾經。爾後，《金剛經》雖有眾多譯註版本，但鳩摩羅什所翻譯的《金剛般若波羅蜜

釋迦牟尼佛畫像　美國大都會藝術博物館藏

漢傳佛教著名譯師鳩摩羅什在世時，翻譯大量釋迦牟尼佛所說之佛法，其所譯經書影響後世佛教文學甚深。

經》仍最為通行。這都是因為其語言簡練流暢，內容確切真實，致使其他版本的譯註無法與之相媲美。

隋唐時期，禪宗五祖弘忍開始以《金剛經》及《大乘起信論》傳授佛法。而繼承弘忍禪法的六祖惠能，其能得道成正果，也是因為無意中聽聞有人念誦《金剛經》，才頓時開悟，成就一番功德。爾後，惠能在弘揚佛法時，總極力稱讚《金剛經》。例如，記錄惠能言教的《六祖壇經》便提及惠能曾說道：「善知識，若欲入甚深法界，得般若三昧者，須修般若行，持誦《金剛經》，即得見性，當知此經功德無量無邊，經中分明讚歎，莫能具說，此法門是最上乘，為大智人說。」

法華經曼陀羅圖　日本鎌倉時代佚名

譯者介紹

鳩摩羅什，又譯作「鳩摩羅什婆」、「鳩摩羅耆婆」，意為「童壽」，常略稱為「羅什」。鳩摩羅什為漢傳佛教著名譯師，曾翻譯《金剛般若波羅蜜經》、《中論》、《大智度論》、《妙法蓮華經》等佛門經典。

五胡十六國時，鳩摩羅什於西域龜茲國出生，其父鳩摩羅炎為罽賓國卿相世家後裔，其母耆婆則為龜茲王的妹妹。

《妙法蓮華經》，簡稱《法華經》，法華三部經之一，其餘兩部為《無量義經》與《觀普賢菩薩行法經》。鳩摩羅什所譯之《妙法蓮華經》共七卷二十八品六萬九千餘字，被稱為「經中之王」，內容為佛陀晚年宣說的教法內容。

鳩摩羅什在年僅七歲時，便與母親一同出家，學習上座部支派說一切有部的《阿毗達磨大毗婆沙論》，日誦經千偈，每偈三十二字，凡三萬二千言，受到時人譽之為神童。

鳩摩羅什九歲時，與母親前往天竺（今印度一地）北部的罽賓國學法，向上座部名僧盤頭達多學習上座部經典，三年大成。而後返國時，於途中遇見一位修行僧，該僧向鳩摩羅什說道：「子若行至三十五，仍未破戒者，將與教化阿育王的優波掘多般宏揚佛法。」

鳩摩羅什十三歲時，便至西域疏勒國登高座講法，而後拜須利耶蘇摩為師。當時，鳩摩羅什主要研究中觀派的論著，並由須利耶穌摩親自傳授《妙法蓮華經》等經典。至二十歲時，鳩摩羅什在龜茲王宮受比丘戒中最高級別的具足戒，受戒後即從卑摩羅叉學習《十誦律》。

前秦建元十五年，僧人僧純、曇充等自龜茲歸來，稱鳩摩羅什才智過人，深明大乘佛學。高僧道安還力勸秦宣昭帝苻堅延請鳩摩羅什，結果苻堅求而不得，便派大將呂光領兵七萬出西域，攻伐龜茲國。

建元二十年，鳩摩羅什受呂光俘獲，並被迫娶龜茲王女阿竭耶末帝，而後又飲下醇酒，破淫、酒雙戒。不久，前秦滅亡，呂光稱涼王，此後十八年間，鳩摩羅什被呂光軟禁於涼州。

後來，姚興攻滅後涼，建立後秦。姚興以國師之禮待鳩摩羅什，

法華經繪卷　日本京都國立博物館藏

法華經繪卷是將《法華經》二十八品的內容以圖解的方式描繪，原本應包含二十八品全部內容，但如今僅存三件。本圖描繪在靈鷲山上，佛陀一邊撫摸著聽道菩薩的頭，一邊宣揚《法華經》的內容，右側文字乃為經文的一部分。

自公卿以下皆奉佛。此後十年間，鳩摩羅什潛心鑽研佛學，將梵文經卷譯成漢文，且在譯經之餘，經常於逍遙園澄玄堂及草堂寺講說眾經。

後秦弘始十五年，鳩摩羅什於長安草堂寺圓寂。他曾於臨終前說道：「今於眾前，發誠實誓：若所傳無謬者，當使焚身之後，舌不焦爛。」而其身首火化之後，當真薪滅形碎，唯舌不灰。

金剛經

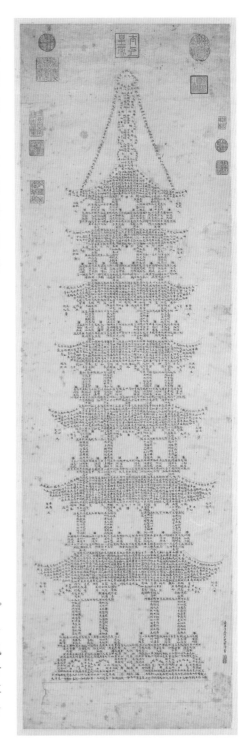

金剛經塔圖　明代王淑民

唐玄宗曾敕定《金剛經》、《孝經》、《道德經》為三教中最重要的經典，並親自為此三經作註。明成祖還曾以鳩摩羅什所譯《金剛經》為底本，作《金剛經百家集註大成》，簡稱為《金剛經集註》。由此可見《金剛經》在中國歷史上的地位。

金剛經

詳說

金剛般若波羅密經

如是我聞一時佛在舍衛國

祇樹給孤獨園與大比丘眾

千二百五十人俱爾時世尊食時

著衣持鉢入舍衛大城乞食於其

城中次第乞已還至本處飯食訖

收衣鉢洗足已敷座而坐

時長老須菩提在大眾中即從座

起偏袒右肩右膝著地合掌恭敬

而白佛言希有世尊如來善護念

諸菩薩善付囑諸菩薩世尊善男

子善女人發阿耨多羅三藐三菩

提心應云何住云何降伏其心佛

言善哉善哉須菩提如汝所說如

來善護念諸菩薩善付囑諸菩薩

汝今諦聽當為汝說善男子善女

人發阿耨多羅三藐三菩提心應

如是住如是降伏其心唯然世尊

願樂欲聞

第一章

法會因由分

佛為眾生獻說法，眾千二百五十人
乞食但資有餘身，敷座看破幻泡心

原文

如是我聞❶：

一時，佛在舍衛國❷祇樹給孤獨園❸，與大比丘眾❹千二百五十人❺俱。爾時，世尊❻食時，著衣持缽❼，入舍衛大城乞食。於其城中，次第乞已❽，還至本處，飯食訖，收衣缽，洗足❾已，敷座而坐❿。

註釋

❶ 如是我聞：我是這樣聽到的。如是：這樣。我聞：我所聽到的。

❷ 舍衛國：古印度恆河中游北岸拘薩羅國都城。為著名的祇樹給孤獨園所在地，因佛陀長年在該園居留說法，名聞遐邇，成為佛教八大聖地之一。

———— 觀無量壽經變壁畫（局部） 敦煌莫高窟 ————

圖為觀無量壽經變壁畫中，根據《金剛經》記載所繪製的舍衛城乞食部分。畫面左側為佛立於華蓋之下，一手施無畏印，另一手持缽。身後幾位弟子雙手合十，交頭接耳，他們全部站在雲端之上，翻滾的雲氣增添畫面的動感。畫面右側為一位婦人從城門裡走出來，虔誠地禮拜佛陀。

❸ 祇樹給孤獨園：佛陀傳法的重要場所，為佛陀在世時規模最大的佛教僧人專用建築，位於印度北部舍衛城南郊。

❹ 大比丘眾：指出家的僧侶，「比丘」為男性僧侶，女性則稱為「比丘尼」。

❺ 千二百五十人：佛陀最初有六大弟子，即舍利子、優樓頻羅迦葉、伽耶迦、那提迦葉、目連尊者、耶舍長者子，此六大弟子又下收弟子，共計一千二百五十個弟子。

❻ 世尊：世間最尊貴者，佛陀弟子與信徒常用以尊稱佛陀，意指佛陀為欲界、色界、無色界三界之尊。

❼ 鉢：出家人用以盛裝飯食的器具，通常用泥或鐵製成，圓形，小口，平底。

❽ 次第乞已：按順序挨家挨戶乞食結束。乞食之目的是要為被乞食者種福，所以不能選擇至貧窮人家或富有人家乞食，必須明確按照家戶先後依序乞食。

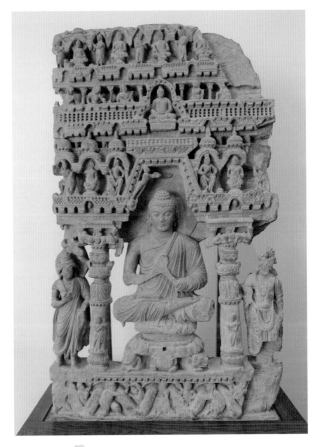

金剛經

──── 舍衛城神變浮雕 ────

神變的意思是，為教化眾生，佛、菩薩等以超人間之不可思議力，變現於外在之各種形狀與動作。狹義言之，一般以身表現，即指六神通中之神足通；廣義言之，則包括身、語、意。

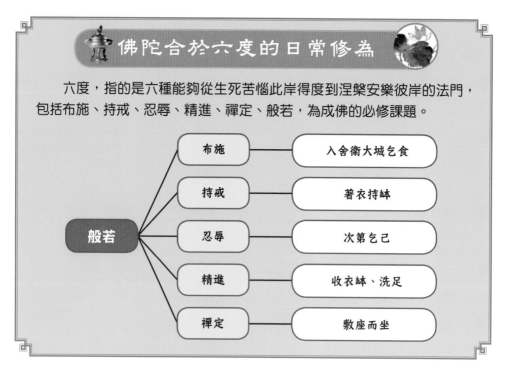

佛陀合於六度的日常修為

六度，指的是六種能夠從生死苦惱此岸得度到涅槃安樂彼岸的法門，包括布施、持戒、忍辱、精進、禪定、般若，為成佛的必修課題。

般若

布施	入舍衛大城乞食
持戒	著衣持缽
忍辱	次第乞已
精進	收衣缽、洗足
禪定	敷座而坐

❾ 洗足：因乞食時赤腳不穿鞋，所以歸來時要清洗腳足。

❿ 敷座而坐：整理好座位打坐。

譯文

我是這樣聽佛陀說的：

那時，佛陀在舍衛國的祇樹給孤獨園，與一千二百五十個大比丘眾聚在一起。到了該吃飯的時候，世尊鄭重地披上袈裟，手持缽盂，進入舍衛城中乞食。在舍衛城中，佛陀按順序挨家挨戶乞食。結束之後，回到了住處，吃完飯，收好其袈裟和缽盂，洗淨腳足，整理好座位，然後開始禪定。

本章名為「法會因由分」，旨在說明《金剛經》源起背景，「分」相當於現在的「章」、「節」等。

每一本佛經的開頭均為四個字──如是我聞，此現象的由來見於《大般涅槃經》中，該經典說到佛陀即將涅槃之時，一位名為阿難的弟子問道：「您即將離去，那我所記錄您的言語，要如何使別人相信呢？」佛陀就告訴阿難，只要在往後每一本經書的開頭加上「如是我聞」四字，就代表該紀錄是阿難親耳聽到佛陀所說的，此四字同時具備了佛經六成就中的信成就與聞成就。

六成就，指講經的法會必須具備的六項條件，包括信成就、聞成就、時成就、主成就、處成就、眾成就。

信成就：表明心信佛陀與佛法，如此章中的「如是」。聞成就：指聽法之人，如此章中的「我聞」。時成就：說明講法的時間，如此章中的「一時」，指佛陀講述《金剛經》的時候。主成就：法會講經的法主，如此章中的「佛」。處成就：講經的場所，如此章中

金剛經洗足壁畫　中國敦煌莫高窟

圖為佛陀從舍衛城乞食化緣歸來之後，端坐在蓮花寶座之上，一手扶膝，一手施無畏印，赤足搭在青石之上，身旁圍繞著四位弟子，侍佛陀洗足。位於畫面下方的一位弟子手端橘色水盆；佛陀正前方則有一位弟子，手拿細頸廣口瓶，目光盯著佛陀雙足，做出躬身的姿態；還有兩位弟子皆雙手合十，謙恭地站立在一旁。

的「祇樹給孤獨園」。眾成就：法會的聽眾，如此章中的「大比丘眾千二百五十人」。

除了講述《金剛經》的背景之外，此章接著說明佛陀也是一位平凡不過的人，但他卻能在平凡的生活裡無時無刻不修行，例如乞食前穿戴整齊；按次乞食，不分貴賤；乞食畢，回歸居處，規矩地飲食，再將器具、衣著、自身全都打理乾淨。佛陀的每一舉動——穿衣、乞食、吃飯、洗足、敷座無不體現其修為，這就是禪宗所謂的「穿衣、吃飯即是道，平常心即是道」。

某時，佛陀在舍衛國的祇樹給孤獨園與其弟子聚在一起。到了吃飯的時候，佛陀就率領眾弟子，手持缽盂至舍衛國城中乞食。當時的佛制言明出家人不能種田，也不能置產，所以他們每天都要去乞食，就連佛陀也不例外。

而原文中提到，在佛陀與眾弟子進入城中之後，便順著每一家戶

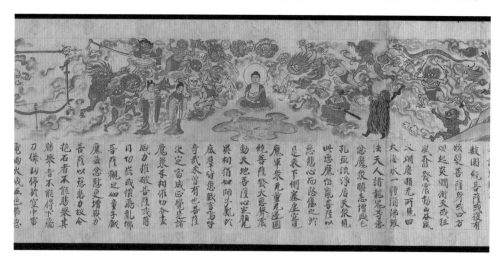

過去現在繪因果經（局部）　美國大都會藝術博物館藏

此幅經文描繪佛陀的生平事蹟，講述釋迦牟尼從王子到菩薩，再到佛陀的宗教之路。其中重點描繪惡魔和他的軍隊正試圖分散釋迦牟尼的注意力，惡魔更派出兩個美女誘惑釋迦牟尼，她們戴著頭骨、揮舞著武器。然而，佛陀的力量擊退了所有威脅，投向他的巨石停止不動，飛箭也停在半空中，閃電、雨水和火焰化為盛開的花朵，龍的毒氣亦變成栩栩微風。

的先後次序乞食。為什麼要如此呢？《楞嚴經》曾記載佛陀兩位弟子的乞食故事：一位是以「解空第一」著稱的須菩提，他同情貧困之人，不想讓貧苦之人有所負擔，所以須菩提每次乞食的時候，都會到富貴人家化緣。而另一位則是被稱為「頭陀第一」的摩訶迦葉，他與須菩提的想法大不相同。摩訶迦葉認為應該要給予貧苦者累積善業的機會，所以他總會到較貧窮的家戶乞食。不過，佛陀認為乞食是為了化緣、布施，應該隨緣而乞，不應該有所區別。

佛陀乞食完畢，便返回舍衛國城外的祇樹給孤獨園。回到祇樹給孤獨園後，隨即開始進食，鉢中有什麼就吃什麼，不加挑選。佛陀吃完飯後，便收拾起袈裟與鉢盂，洗淨腳足，整理座位，鋪上坐墊坐定。

———— 佛陀弟子阿難　美國華盛頓弗里爾美術館藏 ————

阿難，又稱阿難陀，梵語「阿難」，譯曰「喜慶」和「歡喜」，又云「無染」。白飯王的兒子、釋迦牟尼佛的堂弟，也是佛陀的侍者，是釋迦牟尼佛十大弟子之一，人稱「多聞第一」。阿難天生容貌端正，面如滿月，眼如青蓮花，其身光淨如明鏡，生於佛成道日。淨飯王既聞太子成佛，又聞宮中誕子，於是開心地說：「今日大吉，是歡喜日。」而將他命名為「阿難」。

第二章

善現啟請分

解空第一須菩提，為眾解惑白佛言
芸芸眾生發菩提，應云何住降伏心

 原文

　時，長老須菩提❶在大眾中即從座起，偏袒右肩❷，右膝著地❸，合掌恭敬而白佛❹言：「希有❺世尊，如來❻善護念❼諸菩薩，善付囑❽諸菩薩❾。世尊，善男子、善女人發阿耨多羅三藐三菩提❿心，應云何住⓫？云何降伏其心？」

註釋

❶ 須菩提：為佛陀十大弟子之一，深入理解佛法空義，被譽為「解空第一」。

❷ 偏袒右肩：袒露右肩。當時的人平常生活時，所著衣服遍覆全身，禮佛時則袒露右肩，以示恭敬。

❸ 右膝著地：印度禮儀有兩種——禮拜時，雙膝跪地；懺悔及請法時，右膝跪地，以表誠心。

長老須菩提圖　美國魯賓藝術博物館藏

　須菩提出生於古印度拘薩羅國舍衛城，為城中長者鳩留之子，亦為佛陀十大弟子之一，以「恆樂安定、善解空義、志在空寂」著稱，號稱「解空第一」。此部《金剛經》即佛陀與須菩提之間的對談記錄。

❹ 白佛：指向佛表白，如經典中常用之「白佛言」、「白世尊言」等用語。或用於疏及回向文之首，是為讚佛之語。

❺ 希有：事之甚少、難逢者，即「稀有」。在佛經中特別指如來之示現及其所宣說的佛法，故有「希有大法王」、「希法」之稱。《金剛經》提到佛陀有四種希有：一、時希有。佛陀之出世，非曠世所常有。二、處希有，三千世界中，佛陀不出現於他處，唯降生於迦毘羅城。三、德希有，佛陀具無量之福德智慧，以其最尊，無人能比，故謂德希有。四、事希有，佛陀一代所做，係以佛法普利眾生，故為希有殊勝之事。

❻ 如來：意思是「無所從來，亦無所去」，為佛陀的別稱。

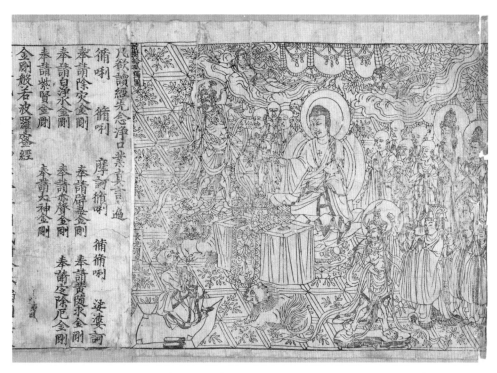

敦煌出土唐代《金剛經》（局部） 英國大英圖書館藏

　　畫面左下角為須菩提，他正從座位上站起來，露出右肩，將右膝蓋放在地上，雙手合十，向佛陀致敬。

❼ 護念：愛護、顧念，釋吉藏《法華義疏》提到：「令外惡不侵為護，內善得生為念。」釋吉藏：俗姓安，名吉藏，生於南朝梁金陵。隋唐佛教比丘，為三論宗的代表人物、三論學說的集大成者。家族來自安息國，具有外國血統，當時人稱胡吉藏。曾在浙江會稽的嘉祥寺長期宣講佛法，名盛一時，被尊稱為嘉祥大師、嘉祥吉藏。

❽ 付囑：囑咐、叮囑。

❾ 菩薩：「菩提薩埵」的簡稱，原義為「覺有情」，指發自覺覺他之心的有情眾生，此處指已發善心但尚未成就圓滿的弟子。菩提：原義為「覺悟」。薩埵：原義為「有情」。

❿ 阿耨多羅三藐三菩提：即「無上正等正覺」，意為至高無上的平等覺悟，指修行的最高覺悟、最高涅槃，證得者等同於成佛。阿：無盡、無量。耨多羅：更高、更上。三藐：全體、所有，意為「完美無缺」。菩提：覺知、覺悟。

⓫ 住：此處指保有、守護。

——— 靜聽松風圖　宋代馬麟 ———

　　馬麟，宋代畫家，擅畫人物、山水、花鳥，用筆圓勁，軒昂灑落，畫風秀潤。圖中高士戴冠覆紗，左腳盤起橫擺，右腳舒展，胸部微袒，右手輕執衣帶，一拂塵置於地。此高士凝神諦聽萬物之音，聽松葉、藤蘿隨風勢翻飛之聲，聽松濤聲在蜿蜒水流和遠景山峰圍繞的空間迴盪。正如同佛陀所說之「諦聽」，全心全意、專心致志。

譯文

這個時候，在大比丘眾之中，有一位德高年長的佛陀弟子須菩提從座位上站了起來。他偏露右肩，右膝跪地，恭敬地向佛陀說道：「在這個世界上獨一無二的世尊，您對於已發善心但未成就圓滿的弟子，常善護眷念他們的善心，又經常咐囑他們，使其心靈能夠圓滿。世尊，當善男子、善女人發起無上正等正覺之心時，要如何使這個菩提心常住不退呢？他們若是起了妄想、妄心時，又該如何降服這些妄想、妄心呢？」

原文

佛言：「善哉！善哉！須菩提，如汝所說，如來善護念諸菩薩，善付囑諸菩薩。汝今諦⑫聽，當為汝說。善男子、善女人發阿耨多

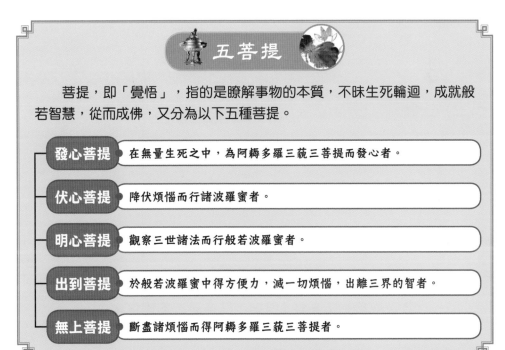

五菩提

菩提，即「覺悟」，指的是瞭解事物的本質，不昧生死輪迴，成就般若智慧，從而成佛，又分為以下五種菩提。

發心菩提	在無量生死之中，為阿耨多羅三藐三菩提而發心者。
伏心菩提	降伏煩惱而行諸波羅蜜者。
明心菩提	觀察三世諸法而行般若波羅蜜者。
出到菩提	於般若波羅蜜中得方便力，滅一切煩惱，出離三界的智者。
無上菩提	斷盡諸煩惱而得阿耨多羅三藐三菩提者。

羅三藐⒓三菩提心，應如是往，如是降伏其心。」

「唯然⒔，世尊。願樂ㄠ欲聞。」

註釋

⒓ 諦：專心一致。

⒔ 唯然：是的，為應諾之詞。

譯文

　　佛陀說道：「問得好！問得好！須菩提，如同你所說的，我對於已發善心但未成就圓滿的弟子，常善護眷念他們的善心，又常咐囑他們，使其心靈能夠圓滿。你們現在專心一致地聆聽，我當然要為你們

好好解說。當善男子與善女子在發無上正等正覺之心時，就應該如我所說的常住此心，如我所說的降伏一切的妄想、妄心。」

　　（須菩提言）「是的，世尊。願聆聽您的解說。」

本章講述此次佛陀說法的開端──始於一位虔誠的佛陀弟子須菩提的請教。

當佛陀敷座而坐之時，一千兩百五十位大比丘眾之中，有一位弟子從座位上站了起來。這位弟子名叫「須菩提」，其名為梵語音譯，又可稱他為「善現」、「善吉」、「空生」，這些稱呼與須菩提的出生有關；須菩提家中頗為富有，當他出生的時候，家中財寶忽然不翼而飛，須菩提便因此被喚作「空生」。七天以後，家中的財寶又突然出現了，所以他又被叫作「善現」。而其父覺得財寶失而復得一事頗為怪異，於是請來一位算命師為須菩提占卜，算出須菩提命格既善且吉，因此又稱他作「善吉」。

原文此處稱須菩提為長老，而「長老」一詞在佛教中是有區分的，分為年高臘長長老、法性長老、福德長老三類。年高臘長長老：指出家受戒的時間極長，因而年事較高者。法性長老：年紀與受戒時間不限，但必須具備極高的智慧。福德長老：有極大的福報與德行者。而須菩提因為出家受戒時間久、智慧高、有德行與福報，因此便被冠以「長老」的稱號。

佛陀八相成道雕刻　印度波羅王朝文物

此雕刻呈現佛陀一生重要大事，正中央為佛陀成道之像，周圍由左下方至右下方分別為佛陀降生、調伏醉象、舍衛城示現神變調伏外道、涅槃、初轉法輪、重返人間、獼猴獻蜜七件事跡。

須菩提於眾人之中站起時，他袒露出其右邊肩膀，右邊膝蓋跪在地上，此為當時印度的最敬禮。接著，須菩提又將兩手合十，恭敬並誠心地請教佛陀。

他先讚嘆佛陀的修為與功德，稱之「希有」。此詞有四種意思：一為「時希有」，指難得能遇到佛陀親自說法；二為「處希有」，祇樹給孤獨園莊嚴美麗，為稀有的發說法寶地；三為德希有，指佛陀稀世的美好德行；四為「事希有」，彰顯此次說法著實難得。

再來，須菩提又說佛陀愛護、顧念在座所有已發善心而未成就圓滿的弟子，並且吩囑弟子，使其心靈能夠圓滿。這是指佛陀於先前穿衣、乞食、吃飯、洗足、敷座的每個動作中，就已經默默開始說法。但佛陀究竟說了什麼法呢？例如，乞食為修福、布施之法，而佛陀到城中乞食就是帶領眾弟子們修福、行布施，並使人去除傲慢之心。由此可知，佛陀其實在一切日常生活之中，便已經開始說法，這就是「善付囑」。

須菩提接著說能持戒修福的善男子、善女人，這些已經發善心的菩薩，當他們明白自性是光明無礙的，智慧也是圓滿的，覺悟並存有持戒、修福的心，並且能夠度眾生、自覺覺他。這時他們應該要如何才能讓此菩提心不喪失、不受外在世界而改變呢？若是其心中有妄想、妄念時，又要如何調適和降伏妄想、妄念呢？

佛陀首先讚賞須菩提的大智與大悲，因為須菩提在佛陀還未起心動念說法的時候，就已經能從佛陀的行、住、坐、臥之間領會其智慧，又能發慈悲心，代其他弟子與眾生請教佛陀。同時，佛陀也十分認同須菩提對自己「善護念、善付囑諸菩薩」之語，並且要在座弟子都仔細聆聽其說法。須菩提則回應自己很願意聽佛陀說法，聆聽如何安住菩提心與如何降伏妄心的辦法。

第三章

大乘正宗分

所有一切眾生相，各生各色有無想
如來滅度實無度，菩薩住相非菩薩

原文

佛告須菩提：「諸菩薩摩訶薩❶應如是降伏其心：所有一切眾生之類——若卵生、若胎生、若濕生、若化生❷；若有色、若無色；若有想、若無想、若非有想非無想，我皆令入無餘涅槃❸而滅度之。如是滅度無量、無數、無邊眾生，實無眾生得滅度者。何以故？須菩提，若菩薩有我相、人相、眾生相、壽者相❹，即非菩薩。」

註釋

❶ 摩訶薩：摩訶薩埵，簡稱摩訶薩，意譯為大士、聖士、超士、高士、大有情、大菩薩、大心、大眾生、大覺有情，意為「偉大的存在」。

指進入聖位的大菩薩，一般認為指七地以上的菩薩。摩訶薩埵修行的時間通常很長，已達到很高的階位，已救度無量無邊的眾生，所以具有廣大無

海珍圖（局部） 宋代劉松年

劉松年，宋代著名畫家，與李唐、馬遠、夏圭合稱為「南宋四家」。此圖繪出海中萬物，其中生物即為佛教所謂濕生（於濕潤處由濕氣受生）之類。

比的神通，備受苦難眾生和初級修士的崇拜。家喻戶曉的八位摩訶薩埵，即八大菩薩，為文殊菩薩、普賢菩薩、觀世音菩薩、大勢至菩薩、虛空藏菩薩、地藏王菩薩、彌勒菩薩、除蓋障菩薩。

 卵生、胎生、濕生、化生：即「四生」，佛教術語，指世間有情眾生的四種出生方式。胎生：指出生前裹藏在胎藏（卵巢）中，後破胎藏出生者，如象、馬、牛、豬等。卵生：出生前在卵中生長，後破卵殼出生者，如雞、雁、孔雀等。濕生：指由濕氣受形，依靠濕潤處（如溝渠、廁所、池沼等地）出生者，如蚊、蛾、蟋蟀等。化生：指無所依託，突然自然生化而出者，如天人、地獄眾生等，亦為四生中數量最多者。

 涅槃 ：又名「圓寂」，指寂滅、滅度，滅除煩惱，不受煩惱所動，超度生死眾苦，達到無念想、無煩惱的成佛境界。

 我相、人相、眾生相、壽者相：即「我人四相」，為世人還沒有悟道成佛時所擁有的各種執著。

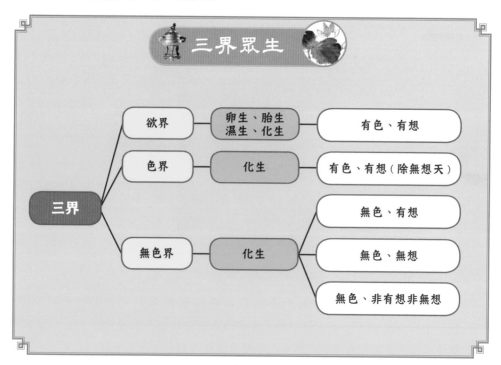

三界眾生

三界		
欲界	卵生、胎生 濕生、化生	有色、有想
色界	化生	有色、有想（除無想天）
無色界	化生	無色、有想
		無色、無想
		無色、非有想非無想

佛陀告訴須菩提道：「諸位菩薩與大菩薩應該如此降伏自己的妄想之心：所有眾生——像是孵卵所生者；像是母胎所生者；像是水中或潮濕中所生者；像是蛻化所生者。例如有形象者；例如無形象者。又如有思想者；例如無思想者；例如非有想、非無想者。我皆使他們達到沒有執著、清淨解脫的境界。而這世間雖然有無限量、無定數、無止境的眾生受到度化，但是我的心中絕不執著於「眾生是我所度化的」之念頭。為什麼呢？須菩提，你要知道如果菩薩心存我相、人相、眾生相、壽者相的話，那他就不是菩薩了。

百駿圖（局部）　清代郎世寧

此幅畫作為清代著名義大利畫家郎世寧的前期作品。在長達七公尺的長卷上，描繪著秋季牧放馬群的景象，姿態各異的駿馬百匹，遊憩在草原、林木之間，透過細膩的光影變化呈現精緻的寫實畫卷。馬匹即為佛陀所說「四生」中的「胎生」，指出生前裹藏在胎藏（卵巢）中，後破胎藏出生。而從構圖上來看，畫中雖一方面延續著中國牧放馬群的傳統圖式，但又於山水林布置上顯露西洋深遠效果，馬匹的大小也隨之而有比例變化。

賞析

　　此章節中，佛陀提醒所有菩薩與大菩薩都應該按照以下說法降伏自身的妄心。

　　佛陀將一切生命分成九類——孵卵所生者，如雞、鴨、麻雀、鴿子等；母胎所生者，如羊、牛、馬；水中或潮濕中所生者，如魚、蝦、鱉、蟹；蛻化所生者（由幼蟲蛻變而化成），如蠶、飛蛾、蒼蠅、蚊子；由色蘊、受蘊、想蘊、行蘊、識蘊五蘊組成的有色眾生（居住在慾界及色界）；受蘊、想蘊、行蘊、識蘊四蘊組成的無色眾生（居住在無色界）；有思想的眾生（居住於欲界、色界、無色界三界中，除了無想天之外，都是有思想的眾生）；無思想的眾生（居住於色界中的無想天，為專修無想的外道修行者，也就是外道的最高果位）；非有想非無想的眾生（居住於三界最高層）。

──── **如來說法圖　宋代佚名** ────

　　此圖繪佛陀兩腳交疊半盤坐於蓮座，座側有二天王、阿難、大迦葉和二供養菩薩圍繞。佛陀長眉細目，法相莊嚴；二天王身穿盔甲，手持劍槊，神情威武。全作人物神情各異，栩栩如生。

　　此圖四角印有「雙龍」、「政龢」、「政和」、「宣龢」共四個半印，符合宋徽宗內府所收藏品用印原則。圖中供養菩薩體態豐腴，衣紋沿線以墨暈染，見晚唐餘風；佛陀肉髻低平，髻底有一隆起物，具宋代佛像的特色。

有色，指有形象、物質可以被看見。無色，指非人所知，也看不見其形象、物質者。有想，指有思想、感覺者。無想，指沒有思想、感覺者。

佛陀接著說他會救度一切眾生，使他們進入沒有煩惱、沒有痛苦、絕對快樂清淨的境界，而此境界就是「無餘涅槃界」。涅槃，指不受煩惱所動、超脫生死輪迴的境界。涅槃界又分為「有餘涅槃界」與「無餘涅槃界」。有餘涅槃，即佛陀、辟支佛、阿羅漢生前所體驗的涅槃界，雖然其一切煩惱已滅盡，但由於過去的執著使得五蘊仍存。無餘涅槃佛，為辟支佛、阿羅漢死後所證得的涅槃界，因為五蘊已完全捨棄，所以不再受生死輪迴束縛。

佛陀要救度一切眾生，使他們解脫痛苦與煩惱。但痛苦與煩惱是很難解脫的，佛陀也只能告訴眾弟子解脫煩惱與痛苦的方法，若真想求得自在解脫，還是必須靠自己修持，無法倚靠他人之力。是以，佛陀才會說雖然有無限量、無定數、無止境的眾生被救度，但實際上沒有任何眾生是由他自己所救度的。

接著，佛陀再更進一步解釋為什麼「實無眾生得滅度者」？身為菩薩

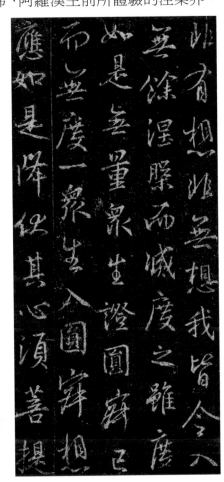

《集王羲之書金剛經》（局部）　宋代拓本

東晉書聖王羲之，其行書平和簡靜，遒麗天成。唐文宗李昂曾敕令廣集王羲之書法，編排成《金剛經》，並鐫刻上石，立於陝西西安興唐寺。

就不應該有我相、人相、眾生相、壽者相四相。我相，指明白自己是個能度人之人，必須要發菩提心以救度眾生，所以度眾生者就是自己。相對於「我相」者為人相，指被救度的對象。

那眾生相是什麼呢？當自己為救度眾生而說法時，其說法並不僅限於一種，因為眾生情況各異，便有種種說法，這就是「眾生相」，也可以說是能度所度的差別相。而壽者相則是執著不捨之相，凡夫最執著於壽者相，執著於自己的壽命與命根。當關係到自己的現世生命時，為保住自己的性命，什麼都可以捨棄。所以，菩薩應當捨棄四相，不要認為自己有什麼佛法能告訴眾生，也不要認為眾生跟隨自己學習佛法後，自己又能得到什麼脫離生死病苦的實際利益。

假若菩薩心中仍存有我相、人相、眾生相、壽者相四相，那麼他就不是菩薩了。所以，佛陀要弟子與世人發願說法救度眾生，並且不能執著於四相，不執著於救度所帶來的成果。因為，如果一開始的「因」不對，那「果」也就不對了，這就是《楞嚴經》中所提到的：「因地不真，果招紆曲。」如果一開始的起心動念、想法動機不正，那所希望的結果、實現的過程就會非常迂迴曲折。

因此，世人修行時一定要存有清淨心，發願度化一切眾生，並曉得實無眾生是自己所救度的道理。透過此章經文，便可以知曉「自心清淨」就是成佛的關鍵。

妙行無住分

菩薩於法應無住，不住色聲香味觸
若能如是無相施，福如虛空不可度

🪷 原文

　　復次❶：「須菩提，菩薩於法，應無所住❷，行於布施❸。所謂不住色布施，不住聲、香、味、觸、法❹布施。須菩提，菩薩應如是布施，不住於相。何以故？若菩薩不住相布施，其福德不可思量。須菩提，於意云何？東方虛空❺可思量不₆？」

　　「不也，世尊。」

註釋

❶ 復次：接著說，為連接前後文之詞。

❷ 住：此處指執著。

❸ 布施：將自己所有之財物、福德施予他人。

❹ 色、聲、香、味、觸、法：指色塵、聲塵、香塵、味塵、觸塵、法塵，即「六塵」，為人與外在所有物質與環境所接觸的對象，由人

—— 枯樹五羊磐陀流水　唐代刁光胤 ——

　　刁光胤善繪湖石、花竹、貓兔、鳥雀，畫作設色，鮮麗精工。此圖所繪之枯樹、五羊、磐陀、流水，皆是人眼可見的世間萬物，為色塵之屬。

之眼、耳、鼻、舌、身、意六根所產生，分別指色相、聲音、香臭、味道、觸感、概念。

❺ 虛空：原指「天空」，後也可指容納一切物質與現象的純粹空間。

譯文

佛陀進一步說道：「須菩提，菩薩一旦成就無上正等正覺之法，布施時應當無所執著。並且在做出利益眾生的事情之後，心中也沒有絲毫的執著。這就是所謂不住相於色塵的布施，也是不住相於聲塵、香塵、味塵、觸塵、法塵等內心塵相所行的布施。須菩提，菩薩就應該要如此布施，而不執著於相。為什麼呢？因為如果菩薩能不住相於布施，其福德才是無可限量的。須菩提，你覺得如何？例如東方那無邊際的虛空，你可以用心思索或實際測量出有多大嗎？」

（須菩提言）「不可以的，世尊。」

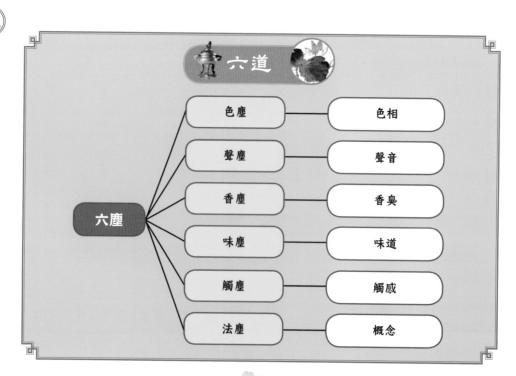

六道

六塵

色塵	色相
聲塵	聲音
香塵	香臭
味塵	味道
觸塵	觸感
法塵	概念

原文

「須菩提，南、西、北方四維❻上下虛空可思量不ㄈㄡ？」

「不也，世尊。」

「須菩提，菩薩無住相布施，福德亦復如是不可思量。須菩提，菩薩但應如所教ㄐㄠ住❼。」

註釋

❻ 四維：指東南、西南、西北、東北四個方位。一般以四維加四方（東、西、南、北），稱為八方；若再加上、下二方，則合稱十方。

❼ 教住：指依照佛陀的言教，安住自己的真心。

譯文

（佛陀言）「須菩提，那麼又假若加上南方、西方、北方，還有東南、西南、西北、東北四

釋迦牟尼佛像　印度鹿野苑博物館藏

此佛像為西元四世紀印度笈多王朝時所雕，清楚呈現佛陀之相。笈多王朝時，印度教興起，大乘佛教盛行。大乘佛教的中心那爛陀寺由鳩摩羅笈多一世修建，其後成為笈多文化的學術中心。建築方面以阿旃陀石窟及愛羅拉石窟為經典，前者開鑿於瓦古爾納河谷的花崗岩壁上，共二十九個洞窟，於西元前一世紀至六五〇年間建成，有四座佛殿及二十五座僧房，充分表現印度風格。後者愛羅拉石窟距奧藩加巴德十六公里，建於三世紀，完成於西元一千三百年，包括佛教、印度教、耆那教三種宗教廟宇，香火不斷。

維，及其上下無邊無際的虛空，你是否可以用心思索或實際測量出有多大呢？」

（須菩提言）「不可以的，世尊。」

（佛陀言）「須菩提，菩薩若能不住相於布施，所得的福德也就會像虛空那樣廣大而難以測量。須菩提，菩薩就應該照我所說的修行，並且安住其心。」

此章解釋如何用身心去體驗、實踐不可思議的佛法（即「妙行」），並且不住相於布施，也就是「無住行施」，也就是安住真心的方法。

開頭提到「復次」，「復」指重復，「次」則指次第，重復次第就是前面說了一段，再接著說一段。由此而知，前一章講降心之方，此章則講住心之法。

佛陀在此段接續說法，他認為菩薩對於一切法都應該無所執著，破除對於自我與外界的執著，即「我執」與「法執」。這解釋了前章所說遠離我相、人相、眾生相、壽者相的道理，將我執破除後，降伏

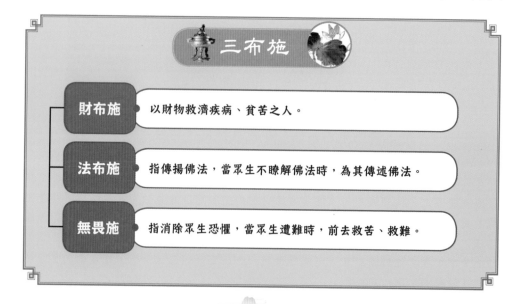

三布施

財布施	以財物救濟疾病、貧苦之人。
法布施	指傳揚佛法，當眾生不瞭解佛法時，為其傳述佛法。
無畏施	指消除眾生恐懼，當眾生遭難時，前去救苦、救難。

自身妄心，再破除法執，真心才得以安住。於法無所住後，就可以「行於布施」了。

而行布施絕不能執著於色、聲、香、味、觸、法六塵。這六者指的是人與外界接觸的對象，即色塵、聲塵、香塵、味塵、觸塵、法塵。布施就是把自身所擁有或所知道的事物施予他人，又可分為三種布施：一為「財布施」，以財物救濟貧苦的人；二為「法布施」，指佛法的傳揚，當眾生不瞭解佛法時，為其傳述佛法；三為「無畏施」，指消除眾生的恐懼，當眾生遭難時，前去救苦、救難。

而布施也就是「六度」中的第一度。六度，指六種行之可從生死苦惱此岸得度到涅槃安樂彼岸的法門，包括布施、持戒、忍辱、精進、禪定、般若，為成佛的必修課題。布施、持戒為利他；忍辱、精進為自利；禪定、般若為解脫。六度廣開就是萬種行門，萬種行門合為六度法門，六度法門又合為三種布施。所以佛陀要世人不住一切法而行布施，這就是要弟子與世人不執著於一切法，以六度萬行為筏，度過生死苦海，最後抵達究竟涅槃之彼岸。

《金剛經》墨跡（局部） 唐代柳公權

柳公權，唐代書法大家，其筆力雄勁爽利，引筋入骨。《舊唐書》記載柳公權曾書寫上都西明寺《金剛經》碑，屬於其前期楷書之作。該刻石毀於宋代，拓本直至清代光緒年間才從敦煌石室再度面世，現藏於法國巴黎博物館。

由以上可知，菩薩在布施時應該無所執著，在做出利益眾生的事情之後也不會有絲毫的執著，離開色、聲、香、味、觸、法等內心塵相，獲致六根清淨。並且於布施之後忘記自己布施給誰、用什麼布施，以及是自己所做的布施。這是為什麼呢？因為若自己不執著於布施，這種福德才是不可限量的。

　　佛陀接著問須菩提的看法如何？又以這世界上無邊際的虛空為比喻，詢問須菩提虛空是否可以用心去思索或實際測量出有多大嗎？說明菩薩不住相布施，其福德確實是不可思量的，並提醒弟子與世人都應該要從「行不住相布施」開始。

—————《金剛經》墨跡（局部）　宋代張即之—————

　　張即之，字溫夫，南宋書法家。博學多識，「性修潔，喜校書，經史皆手定善本」。工書，學米芾，而參用歐陽詢、褚遂良的體勢筆法，尤善寫大字。《宋史》本傳稱其「以能書聞天下」、「大字古雅遒勁，細書尤俊健不凡」。墨跡為金人珍愛，存世書籍有《報本庵記》、《書杜詩卷》等。

如理實見兮

凡所有相皆虛妄，不可身相見如來
若見諸相實非相，一念淨信如來知

原文

「須菩提，於意云何？可以身相❶見如來不ㄈㄡ？」

「不也，世尊。不可以身相得見如來。何以故？如來所說身相，即非身相。」

佛告須菩提：「凡所有相皆是虛妄，若見諸相非相則見如來。」

註釋

❶ 身相：即「色身之相」，指可看見的有形肉身。

金剛經

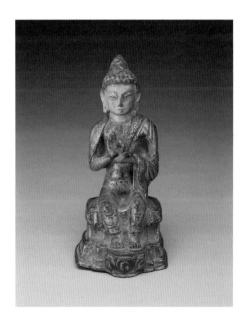

—— 結觸地印銅佛　清代佚名 ——

此佛像螺髮高髻，身著袒右袈裟，右手結觸地印，此印又可以稱為「證悟印」或「降魔印」。佛陀在證悟時，曾受魔王波旬干擾，魔王波旬說道：「誰可以做證你已經開悟？」佛陀即以右手觸地，說道：「大地可以為我作證。」倏忽之間，主掌大地之神出現，並為佛陀證明他已經成佛，魔王波旬便退去了。此佛像左手又結禪定印，此印又可以稱為「定印」、「法界定印」，為佛陀禪定時所結手印。

　　（佛陀言）「須菩提，你覺得如何？可以透過有形的色身相見到我的真實本質嗎？」

　　（須菩提言）「那是不可以的，世尊。不可以透過有形的色身相見到您的真實本質。這是為什麼呢？因為佛陀您所說的有形色身相，它是會隨因緣而變化，沒有自主性的。」

　　佛陀告訴須菩提說道：「世間一切有形體之相都是會隨因緣而變化的虛妄假相。如果能夠識破諸相皆不是實相，那就可以見到佛陀的真實本質了。」

賞析

　　此章中，佛陀以自身解釋各種表相都是虛妄不實的，也就是所謂的「諸相皆空」。

　　佛陀有三十二種外貌特徵，佛教經典《中阿含經・三十二相經》記載其三十二相分別為大人足安平立；大人足下生輪，輪有

彩繪硃筆《金剛經》（局部）　明代佚名

明代末年，大多數佛教經典皆改為印刷，而不在像以往一樣以手工抄寫，大大提升佛經與佛教的傳播速度。

千輻，一切具足；大人足指纖長；大人足周正直；大人足跟踝後兩邊平滿；大人足兩踝傭；大人身毛上向；大人手足網縵，猶如鴈王；大人手足極妙柔弱軟敷，猶兜羅華；大人肌皮軟細，塵水不著；大人一一毛，一一毛者，身一孔一毛生，色若紺青，如螺右旋；大人鹿蹲腸，猶如鹿王；大人陰馬藏，猶良馬王；大人身形圓好，猶如尼拘類樹，上下圓相稱；大人身不阿曲，身不曲者，平立申手以摩其膝；大人身黃金色，如紫磨金。

大人身七處滿，七處滿者，兩手、兩足、兩肩及頸；大人其上身大，猶如師子；大人師子頰車；大人脊背平直；大人兩肩上連，通頸平滿；大人四十齒牙；平齒；不踈齒；白齒；通味第一味；大人梵音可愛，其聲猶如加羅毘伽；大人廣長舌，廣長舌者，舌從口出遍覆其面；大人承淚處滿，猶如牛王；大人眼色紺青；大人頂有肉髻，團圓相稱，髮螺右旋；大人眉間生毛，潔白右縈。

以上三十二種相為佛陀修行時積累福德所獲的果，體現出佛陀的內德，例如佛陀由於不妄言、多說實言，所以其舌廣長、齒多。佛陀的這三十二身相是方便引導世人修佛，但我們不應該執著於佛陀的三十二種身相，因為這有形的色身相都會隨因緣而變化毀壞，且沒有自主性與固定性。若是世人皆執著於佛陀那表相的身相，盲目追求、遵從、膜拜佛陀，那便無法理解佛何以佛的真實本質。

— 雙首師說法印銅佛　清代佚名 —

此佛像螺髮高髻，身披袈裟，雙手曲抬至胸前，結說法印，此印又可以稱為「轉法輪印」，以拇指與中指（或食指、無名指）相撚，其餘各指自然擺放，象徵佛陀說法之意。

佛陀在世時經常自稱為「如來」。這裡要深入介紹一下何謂「如來」？憑藉事物的真實本質，透過努力，不斷累積善因，最後終於成佛，稱為「真身如來」；而透過介紹事物的真實本質，使眾生增長智慧、消除煩惱、獲取利益，則稱為「應身如來」。「如來」的另一層涵義為眾生的自性，「如」指自性，也就是不變；「來」則指智慧。「如來」即指眾生的自性不變，才能夠產生智慧。

　　此章說明假若世人能理解佛陀的身相只是表相，並進一步明白世間一切有形事物都是虛幻假相，皆隨因緣而變化。如此一來，世人就得以瞭解事物的真實本質了。

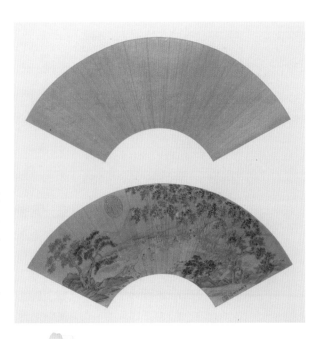

⊱ 畫談禪圖　明代仇英 ⊰

　　談禪，即談說佛教教義。明代仇英早年曾為漆工、畫磁匠，並為人彩繪楝宇，後為文徵明所稱譽而聞名於時。其臨摹宋人的畫作，幾可亂真，例如《清明上河圖》。仇英作品題材廣泛，亦繪製談禪圖，可見佛教於當時之影響力。

第六章

正信希有分

聞是章句生淨信，無法相與非法相
知我說法如筏喻，法尚應捨況非法

🪷 原文

須菩提白ㄅㄛˊ佛言：「世尊，頗有眾生，得聞如是言說章句❶，生實信不ㄈㄡˇ？」

佛告須菩提：「莫作是說。如來滅後，後五百歲，有持戒❷修福者，於此章句能生信心，以此為實。當知是人，不於一佛、二佛、三四五佛，而種善根❸；已於無量ㄌㄧㄤˋ千萬佛所，種諸善根。」

金剛經

註釋

❶ 章句：本指經書的章節語句，此處特指第五章佛陀所說「諸相非相」等語。

—— 望海樓圖　明代佚名 ——

此圖中，樓閣矗立於城牆之上，下瞰大江，群客登臨宴飲。屋內文人三五成群，有些持卷觀賞；有些憑窗眺遠。此圖就像在描繪有情世間的芸芸眾生，有的深陷世間六塵之中，無法自拔；有的則遠觀生死苦海，若有所悟。

❷ 持戒：修持佛教的戒律，為六度法門中的一度。

❸ 種善根：種下為善的根苗。

譯文

　　須菩提向佛陀說道：「世尊，當眾生得以聽聞您說的道理時，他們會真的相信嗎？」

　　佛陀告訴須菩提說：「不能這樣說。當我滅度後，往後的五百年間，若有持守戒律、廣修福田的人，看到此經章句能產生相信之心，並以我所言章句為真實之道。就能知道此人，不僅限於數佛所種的善根，乃是無量千萬佛所種得來的善根。」

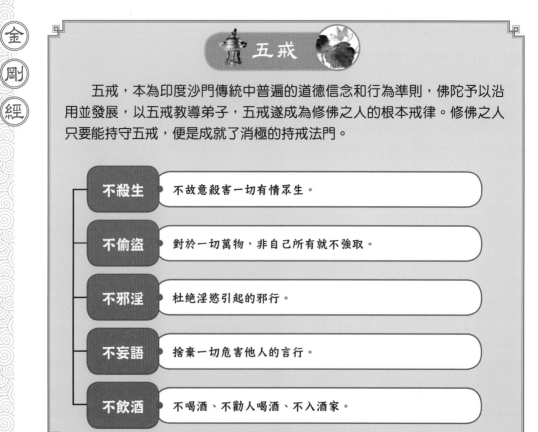

五戒

　　五戒，本為印度沙門傳統中普遍的道德信念和行為準則，佛陀予以沿用並發展，以五戒教導弟子，五戒遂成為修佛之人的根本戒律。修佛之人只要能持守五戒，便是成就了消極的持戒法門。

不殺生	不故意殺害一切有情眾生。
不偷盜	對於一切萬物，非自己所有就不強取。
不邪淫	杜絕淫慾引起的邪行。
不妄語	捨棄一切危害他人的言行。
不飲酒	不喝酒、不勸人喝酒、不入酒家。

金剛經

原文

「聞是章句，乃至一念生淨信❹者。須菩提，如來悉❺知、悉見，是諸眾生得如是無量（カヒト）福德。何以故？是諸眾生無復我相、人相、眾生相、壽者相；無法相，亦無非法相❻。何以故？是諸眾生，若心取相，則為著（サゥ）我、人、眾生、壽者；若取法相，即著（サゥ）我、人、眾生、壽者。何以故？若取非法相，即著（サゥ）我、人、眾生、壽者。是故，不應取法，不應取非法。以是義故，如來常說：『汝等比丘，知我說法，如筏喻者。法尚應捨，何況非法？』」

註釋

❹ 一念淨信：指一念之清淨信心。文中此句意即信般若波羅蜜，便能生出一切諸佛，與自身中本有之佛性清淨無有染污，信諸佛之性平等無二，信六道眾生本來無相，信一切眾生盡得成佛等。凡此等之清淨信心，均稱一念淨信。

釋迦三尊十六善神像　美國大都會藝術博物館藏

畫中的釋迦牟尼佛端坐在畫中央的蓮花寶座上，周圍環繞著眾多神明。釋迦牟尼佛下方有兩尊菩薩，一個坐在大象上，一個坐在獅子上，其餘還有十六位神環繞著世尊。右下角黃色衣服的僧侶是玄奘，他左手拿著經文，右手拿著毛筆，背上背著裝有佛經的箱子。

金剛經

四相

我相	指自我意念的執著。
人相	指對待他人的意念。
眾生相	指自以為為眾生求永生、服務之心。
壽者相	指執著於長壽、永生之心。

❺ 悉：全部、完全。

❻ 法相：萬法的表面現象。由玄奘自印度傳入中國的唯識宗，即因特質在於分析或分類說明法相，所以有名為法相宗，屬於瑜伽行唯識學派，為漢傳佛教宗派之一。

譯文

　　（佛陀言）「聽聞此經章句能一心清淨誠信的人，須菩提，我確實可以知曉並洞見此等眾生必定得以成就無量福德。這是為什麼呢？因為這些眾生心中不再存有我相、人相、眾生相、壽者相，也不執著於法相與非法相。這又是為什麼呢？因為眾生心中若是對於任何相有所執取，便是產生我相、人相、眾生相、壽者相；若是眾生心中執著於萬法的名相，便會在內心深處產生我相、人相、眾生相、壽者相的執著。為什麼呢？若是眾生心中執著於法空的名相，便會產生我相、人相、眾生相、壽者相的執著。因此，不應該執著於一切萬法，也不

要執著於法空。由於這個義理的緣故，我常說道：『你們這些出家弟子要知道我所說的一切法，就好比竹筏。既然法相都應該捨棄了，更何況是非法相呢？』」

此章說明真正悟解佛法並不容易，所以稱為「正信希有分」。佛陀認為完全領悟「萬法皆空」的道理雖然不容易，但此等智慧總會被世人領悟。

須菩提詢問佛陀當說到「不住相布施」，以及「若見諸相非相，即見如來」這種無相真空的妙理時，眾生聽聞以後當真會理解與相信嗎？佛陀告訴須菩提不必擔心，因為自己所說的佛法雖然奧妙，但是仍然會有人深信不疑。

而且，不但是現在有人相信，即使等到佛陀滅度後五百年，世間仍然會有持守戒律、廣修福田的善男信女在聽到此經中的任何一章內容或一句話語以後，認為此經確實為真知灼見，並且深信不已。能理解此理之人，是由於過去或現在修學佛法所種的善根，善根深厚，所以他們聽到或看到此經中的任何內容，都能一心清淨誠信。

佛陀接著強調自己確實能想見上

—— 釋迦牟尼文佛像　清代丁觀鵬 ——

圖中佛陀身披紅色藍邊大衣，前胸微袒，肉髻螺髮，持缽坐於蓮花寶座之上，手結禪定印。清代乾隆皇帝御題：「本師釋迦牟尼文佛，轉物覺生，能仁調御，寶月常圓，法雨普森，天上天下，世出世間，六度萬行，作如是觀。」

述情景，因為這些淨信眾生的內心是通達佛性的，所以可以得到如虛空般的無量福德。那他們又是如何能達到此一境界呢？這是因為淨信眾生善根純熟，已悟得真空無相的道理，已離開我相（自我意念的執著）、人相（對待他人的意念）、眾生相（自以為為眾生求永生、為眾生服務）、壽者相（執著於長壽、永生）。再加上，淨信眾生皆明白一切萬法只是度化眾生的心靈到達彼岸的工具而已，所以萬法並非佛性。當眾生悟得自己的佛性之後，便會將一切萬法都

當麻曼荼羅　美國大都會藝術博物館藏

曼荼羅，原義為圓形，音譯為曼陀羅、曼達拉等，意譯「壇」、「聖圓」、「中心」、「輪圓具足」、「聚集」等。原是瑜伽修行中，所需要的一個小土台，後來也用繪圖方式製作。此曼荼羅以日本奈良的當麻寺為名，為日本淨土三曼荼羅之一。全圖分內、外陣，內陣是以彌陀三尊為中心的寶樓閣，其前為寶池，寶池中突出之舞台，上演舞樂。於舞樂會之左右對稱排列父子相迎會，以迎接往生者。外陣則分為左右與下之外緣等，表現觀無量壽經之意，右緣共十三觀，左緣為序分之十一圖，下緣為九品來迎相。

放下。因此，淨信眾生不會執著一切萬法，也不會執著於法空的名相；若是執著於萬法皆空，那內心也還是會有一個「萬法空相」的執著存在。

由上述說明可以知道，一旦眾生心中對任何相有所執取，其內心深處便會產生我相、人相、眾生相、壽者相的執著；如果心執著於萬法的名相，便會在內心深處產生我相、人相、眾生相、壽者相的執著；如果心執著於一切萬法皆空的名相，在內心深處也會產生我相、人相、眾生相、壽者相的執著。所以，佛陀在這裡要說的是，世人切勿執著於一切萬法，也不要執著於一切萬法皆空，才能悟入性空。

最後，佛陀將自己為眾生所說的佛法比喻為竹筏，世人編竹為筏，渡人過河，到達彼岸以後，就不需要竹筏了。因此，佛陀所說的一切法，用意只是為眾生開闢一條明路，眾生可以透過此法離開一切表相，令眾生度脫生死苦海，照見其本性與佛性，證得涅槃之樂。

金
剛
經

第七章

無得無說分

如來所說無定法，亦不可取不可說
一切非法非非法，賢聖無為有差別

 原文

「須菩提，於意云何？如來得阿耨ⁿㄡˊ多羅三藐ㄇㄧㄠˋ三菩提耶ㄧㄝˊ？如來有所說法耶ㄧㄝˊ？」

須菩提言：「如我解佛所說義，無有定法名阿耨ⁿㄡˊ多羅三藐ㄇㄧㄠˋ三菩提，亦無有定法如來可說。何以故？如來所說法，皆不可取、不可說，非法，非非法。所以者何？一切聖賢皆以無為法而有差別。」

 譯文

（佛陀言）「須菩提，你覺得如何？我已經證得無上正等正覺了嗎？而我又有宣說一定的佛法嗎？」

須菩提說道：「就我理解佛陀您所說的義理而言，世間並沒有無上正等正覺的一定

—— 阿彌陀佛像圖　元代張渥 ——

佛教以釋迦牟尼佛為尊，除此之外，阿彌陀佛在佛教中也受到普遍的重視。佛教淨土宗認為常念「阿彌陀佛」，即可成就佛果。此法門人人都可以修習，只要誠心念佛便可得道。

法，佛陀說法也沒有一定之法，這是為什麼呢？如來所說之法，皆不可以執取、不可以宣說，不是法，也不是空法。這又是為什麼呢？因為一切賢聖都是以無為之法自修，由此所得證悟就有差別。」

賞析

此章說明「萬法皆空」之理，叮嚀世人勿執著於佛陀所說之法。真空妙理本無形相，自然無所得亦無可說，所以稱此章為「無得無說分」。

佛陀向須菩提提出了兩個問題：一為佛陀有一個定法可得嗎？二為有一個定法可以說嗎？接著，須菩提表達他的想法，依照以往佛陀所說義理，他認為阿耨多羅三藐三菩提全在性靈之中，並沒有一定之法可以說明。而佛陀說法，由於每個人開悟的因緣都不一樣，所以要使眾生開悟也沒有一定的方法與佛法。再加上，佛陀所說一切法，都是由其自性自然流露出來的，是應眾生的機緣而說，並沒有一定的原則與要求。佛法其中蘊含的真理並不是單純用言語就可以求得的，

――――― 層巖叢樹圖　五代巨然 ―――――

巨然，五代南唐開元寺和尚，擅畫山水，自創山巒陰鬱層疊情景之風格，被稱為「造化之神」。

此圖林麓峰巒、曲折山徑皆妙不可言，如同佛性只得自證自悟，無法藉由外在言語、定法而得。

所以眾生也不應執著於求取。若是執意於追求且盲從佛陀以往說過的佛法，那也就沒辦法證得阿耨多羅三藐三菩提，抵達究竟涅槃彼岸。

　　一切法只可以心傳意會，無法用口頭說明。因此，即使是佛陀親口所說的佛法，也並不是永恆的真理，世人不應固守這些說法，是故佛陀說其所說之法為「非法」。但佛陀憑藉佛法開悟眾生，也不能否定佛法的正確性與價值，所以佛陀又說其所說之法為「非非法」。這就是要眾生領悟佛性的清靜本質，不可於相或法有所執著；不可執著於言語；不可執著於法；也不可執著於空。

　　須菩提又接著說一切賢聖都是透過無為法自修而來。只是隨著各人所修領悟的程度不同，自性清淨心流露的多寡也就有所不同，所證悟的程度也就有所差別。所謂「無為法」，指的是不會隨因緣變化而出現、變化或消失之法，即不生不滅、無來無去、非彼非此之法。眾生本身就具備無為法，不需依賴外界就已經存在，這是眾生自然的自覺之性，不必假借他人。如宋代《金剛經》

———— 大士像圖　元代趙奕 ————

　　大士為佛和菩薩的別稱。圖中可以看到竹崖上有一白衣大士，做阿彌陀佛入定狀。其藍髮披肩，頭上戴著寶冠，手中所持的淨瓶幻化出一朵祥雲。左下角的善財童子立於雲上，躬身作揖，狀甚禮敬。

大家李文會曾評說：「無為法性，本無淺深定相可取，若有定相，應無差別。有差別者，謂根有利鈍，學有淺深，故名差別。既有差別，即無定相也。」

　　此章節中，須菩提把握「萬法皆空」的真諦，由此可看出他為何能被稱為「解空第一」。

──────── 十六羅漢圖卷（局部）　明代吳彬 ────────

　　十六羅漢，或稱十六阿羅漢、十六尊者，是釋迦牟尼的得道弟子。據西元二世紀《法住記》所載述，佛陀臨涅槃時，囑咐十六羅漢到世間弘揚佛法、利益眾生。所以《法住記》早已記載十六羅漢的名字。但是，直到唐朝玄奘法師翻譯《法住記》時，才將十六羅漢的名字譯成漢語，從此中國佛道中人才認識十六羅漢的名字。從唐朝至五代十國的時期，十六羅漢的形象在許多不同名家的繪畫和雕刻作品中出現，例如盧楞伽、王維、陶守立、貫休等。

第八章

依法出生分

七寶布施福德多，只緣福德非福性
受持此經四句偈，其福勝波七寶施

原文

「須菩提，於意云何？若人滿三千大千世界七寶❶以用布施，是人所得福德寧為多不？」

須菩提言：「甚多，世尊。何以故？是福德，即非福德性❷，是故如來說福德多。」

金剛經

註釋

❶ 七寶：即世間七種珍貴的寶玉，又稱七珍，此處指琥珀、硨磲、珊瑚、琉璃、珍珠、金、銀。諸經說法不一，《阿彌陀經》、《大智度論》提到七寶為金、銀、琉璃（又作琉璃、毘琉璃、吠

硨磲念珠　清代文物

硨磲為一種海中大型貝類，其白皙貝殼加工而成的稀有寶石也稱作「硨磲」，被視為佛教聖物，並列為佛教七寶之一。

此硨磲念珠一串計九十四粒，其中串三珊瑚佛頭與一銀佛頭，並串珊瑚珠八粒、松石豆七粒，頂部串松石一塊與雙銀圈。

琉璃等）、頗梨（又作頗胝迦，水晶指赤、白等之水晶）、車渠（又
作硨磲，經常與碼瑙混同，概指大蛤或白珊瑚之類）、赤珠（又稱
赤真珠）、碼瑙（深綠色之玉，但與我們現在所說的碼瑙不同）。《法
華經》則提到七寶為金、銀、琉璃、硨磲、碼瑙、真珠、玫瑰。

❷ 福德性：指覺悟佛法後所達到的福德境界。

譯文

（佛陀言）「須菩提，你覺得如何？如果有人以充滿三千大千世
界的世間七寶行布施，
這個人所得的福德難道
不多嗎？」

須菩提說道：「非
常多，世尊。這是為什
麼呢？因為這只是世間
的福德，並不是福性，
所以您才說這個人的福
德多。」

西方極樂世界的阿彌陀佛　美國大都會藝術博物館藏

阿彌陀佛，也被稱為無量壽佛。圖中他坐在一棵開花的樹下，樹上裝飾著成串
的珠寶。在天空中，到處都是欣喜若狂的神仙們，他們舉著祭品和花朵。阿彌陀佛
的左右下方各坐著八個大菩薩，他們之間是兩張矮桌，上面擺滿了供品。

原文

「若復有人，於此經中受持❸，乃至四句偈ⁱ❹等，為他人說，其福勝彼。何以故？須菩提，一切諸佛及諸佛阿耨多羅三藐三菩提法，皆從此經出。須菩提，所謂佛法者，即非佛法。」

 註釋

❸ 受持：指領受於心，憶而不忘。又可分為三個方面：一、受持戒律。無論出家、在家者，一旦領受佛陀所制定的戒法，即須誓願持守，不得有違。二、受持經典。十種法行、法華五種法師行之一。即受學經典之際，發淨信解，以恭敬心閱讀，並須時時諷誦、憶念。又分為兩種，信受佛之教法，稱受持佛語；信受某部經典，如信受《法華經》，稱受持法華。三、受持三衣。依據宋代《釋氏要覽》記載，僧眾得受三衣後，須依法於適當之時、地穿著，如入聚落、聽法等，得著大衣；於淨處、習誦等，得著七條衣；於任何處所，得著五條衣。

❹ 四句偈：佛教的無韻詩歌，每偈由四句構成，字數多寡不拘。四句偈往往能涵蓋經論佛法之重要意義，所以，以四句偈教人或持受某四句偈，皆有甚大功德。

—— 琥珀壽星　清代擺飾 ——

琥珀是植物的樹脂化石，其狀態透明似水晶，色澤如瑪瑙，不透明的琥珀又稱作「蜜蠟」。琥珀在佛教文化被視為至純、至善、至淨的寶石，其質地細膩、色澤溫潤，內涵含蓄、簡約、不張揚，具有無比的親和力，能夠讓世人以安詳恬靜的心靈去感受，並且被認為可以寧心神、安五臟、明心緒、定神魄，幫助修行者保持內心的平靜。

譯文

（佛陀言）「那如果又有人受持這整部《金剛經》，或只受持其中的四句偈等，並為他人宣說，那麼他所得到的福德就勝過了以充滿三千大千世界世間七寶布施的人，這是又為什麼呢？須菩提，一切諸佛及成佛的無上正等正覺法，皆從此部《金剛經》緣生。須菩提，所謂的佛法，本就不是特定的某一種佛法。」

賞析

此章說明求得佛法的真諦遠勝過布施，而透過物質的布施得到福德報答，也並非是佛追求的境界。唯有真正覺悟佛法，才能求得真正的福德，這就是所謂的「福德性」。佛法的真諦其實就是一個「空」字，所以又說佛法就是非佛法，其實強調的都是「一切皆空」的概念，而此部《金剛經》即為最好的空諦經典。此章名為「依法出生分」，

七寶

琥珀	驅邪定魂，安五臟，寧心神。
硨磲	消災解厄，除惡聚靈，庇佑子孫，鎮心安神。
珊瑚	防止災禍，增智慧，結善緣。
琉璃	淨化身心，人石通靈。
珍珠	平靜心靈，開悟大智。
金	代表金身護體，百病不侵，健康長壽。
銀	代表佛陀散發之光芒，辟邪平安，健康長壽。

是指應該從佛法的空諦生出覺悟，言外之意就是不要希冀透過物質上的布施求得真正的福報。

在此章節中，佛陀首先向須菩提問道，假若有人能以充滿三千大千世界那麼多的七種珍貴寶物來行布施、做功德，那他所得的福德是不是很多呢？

所謂的「三千大千世界」是佛教說明世界結構的專門用語，佛教的世界是由小、中、大等三種「千世界」所構成的。以須彌山為中心，上自色界初禪，下至大地底下的風輪，其間包括四大洲（東勝神洲、南贍部洲、西牛賀洲、北俱盧洲）、日、月等為一小世界。一千個小世界合起來名為「中千世界」；一千個中千世界，則是「大千世界」；三個大千世界，即為「三千大千世界」。

而「七寶」則指人間最寶貴的七種寶物，包含琥珀、硨磲、珊瑚、琉璃、珍珠、金、銀。七寶作為修行、供養的聖物，分別具有以下功用：琥珀具有驅邪定魂的能力；硨磲可消災解厄、除惡聚靈、庇佑子孫、

金剛經

揭缽圖卷（局部）　清代佚名

此圖描繪世尊為懲治鬼子母而將其幼子賓伽羅扣於缽下，鬼子母遣眾小鬼意欲揭缽救子的情景。圖中世尊神態安然地坐在蓮花座上，眾天神手執兵器護其左右，正靜觀眾小鬼徒勞無功的揭缽場面。其幼子賓伽羅於缽中哭叫著張手求救，小鬼們則不遺餘力地用盡各種方法搶救，鬼子母面帶憂色地被眾人團團圍住，顯然已為解救幼子而心力交瘁。

鎮心安神；珊瑚可防止災禍、增智慧、結佛緣；琉璃則可潔淨心身，人石通靈，具有保護的功能；珍珠可平靜心靈、開悟大智；金多用以製作佛像和廟宇，具有增益的效果；銀則可用以消災、定神。

須菩提認為，如果能以充滿三千大千世界的七寶進行布施，那麼此人的福德確實是很多的。這是為什麼呢？因為透過布施所成之功德是有相的財布施，「有相」就代表能夠計算其數量多寡，所以財布施是可以計算福德多寡的。至於福德的「性」則是無形無狀的，是無法計算多寡的。而佛陀一開始所說明的對象是福德之相，也就是表象的福德，因此須菩提才會說以七寶布施者所得之福德是很多的。

佛陀接著擴大說明福德，假若有人能受持《金剛經》中的四句偈等部分，並為其他人解說，那他的功德就比起用充滿三千大千世界的七寶行布施的功德還要來得多。此處的「四句偈」指的是佛教裡的無韻四句詩文，能涵蓋佛法之要義。那何為「受持」呢？「受」指聽道以後，心裡信受；「持」則指躬行實踐、身體力行，並且持守不懈。

但是，佛陀也在此章節最後告誡我們，雖然一切諸佛及成佛的無上正等正覺菩提之法，皆從《金剛經》緣生而來，然而佛法的目的便在於引導眾生從迷失中覺悟，其不得已所取的佛法假名，當眾生覺悟之時，也不復需要了。所以切勿執著於任何有形有相之物，包含佛法。

第九章

一相無相分

修行求得四果位，不住眾相實無有
不念離欲阿羅漢，無住樂阿蘭那行

原文

「須菩提，於意云何？須陀洹❶能作是念，『我得須陀洹果』不☰？」

須菩提言：「不也，世尊。何以故？須陀洹名為入流，而無所入，不入色、聲、香、味、觸、法，是名須陀洹。」

註釋

❶ 須陀洹：梵語音譯，意為「進入河流者」、「河流中的勝者」。佛陀曾以河流比喻八正道，遵行八正道即為入流。能夠入流的要素有四：親近善知識、聽聞正法、如理思惟、遵行正法。奉行以上四者，就能夠成就四不壞信，證得須陀洹果。

唐人宮樂圖　唐代佚名

此圖中有後宮嬪妃十人，圍坐於一張巨型的方桌四周，有的品茗，也有的在行酒令。宮女們終日沉醉於色、聲、香、味、觸、法的聲色之中，不知道她們是否會感到麻木？進而嚮往宮牆外面的自由生活。

（佛陀言）「須菩提，你覺得如何？聞佛聲教而證得須陀洹果位的人，可以有這樣的想法——『我得到須陀洹果了』嗎？」

須菩提說：「不能，世尊。這是為什麼呢？因為須陀洹的意思是入流，而實際上卻並無執著於入，不入色、聲、香、味、觸、法等虛幻之中，自然也就是什麼也沒有，只是名為須陀洹而已。」

原文

「須菩提，於意云何？斯陀含❷能作是念，『我得斯陀含果』不_{ㄈㄡ}？」

須菩提言：「不也，世尊。何以故？斯陀含名一往來，而實無往來，是名斯陀含。」

註釋

❷ 斯陀含：梵語音譯，意為「一往來」、「一上一還」。得斯陀含果的聖者，不會投生三惡道，其定力與修行也不會退失，最多只會在天界與人間再往返一次，能夠完全解脫，永遠出離輪迴。

角雕觀音立像　美國大都會藝術博物館藏

觀世音菩薩，又譯為觀音菩薩、觀自在菩薩、光世音菩薩，手持蓮花的觀音菩薩也被稱為蓮花手菩薩或持蓮觀音。在民間信仰中則常被尊稱觀音佛祖、觀音大士、觀音娘娘、觀音媽、白衣大士。

（佛陀言）「須菩提，你覺得如何？聞佛聲教而證斯陀含果位的人，可以有這樣的想法——『我得到斯陀含果了』嗎？」

須菩提說：「不能，世尊。這是為什麼呢？因為斯陀含的意思是需要一往天上，一來人間才能成就果位，而實際上卻並無執著於往來，只是名為斯陀含而已。」

原文

「須菩提，於意云何？阿那含❸能作是念，『我得阿那含果』不？」

須菩提言：「不也，世尊。何以故？阿那含名為不來，而實無不來，是故名阿那含。」

註釋

❸ 阿那含：梵語音譯，意思是「不來」、「不還」，又稱「不來果」，為修行者進入聖道的果位之一，成此果位的人便已證得涅槃，將不再回返欲界。

普賢菩薩像　美國大都會藝術博物館藏

普賢菩薩，曾譯遍吉菩薩，音譯為三曼多跋陀羅，漢傳佛教四大菩薩之一。是象徵理德、行德的菩薩，與文殊菩薩的智德、正德相對應，被稱為「華嚴三聖」。根據《法華經》描述，普賢菩薩來自東方寶威德上王佛國，至娑婆世界參加法華經聖會。

譯文

（佛陀言）「須菩提，你覺得如何？聞佛聲教而證得阿那含果位的人，可以有這樣的想法——『我得到阿那含果了』嗎？」

須菩提說：「不能，世尊。這是為什麼呢？因為阿那含的意思是不必再來欲界受生，而實際上卻並無執著於不來，只是名為阿那含而已。」

原文

「須菩提，於意云何？阿羅漢❹能作是念，『我得阿羅漢道』不ㄈ？」須菩提言：「不也，世尊。何以故？實無有法名阿羅漢。世尊，若阿羅漢作是念——『我得阿羅漢道』，即為著ㄓㄜ我、人、眾生、壽者。」

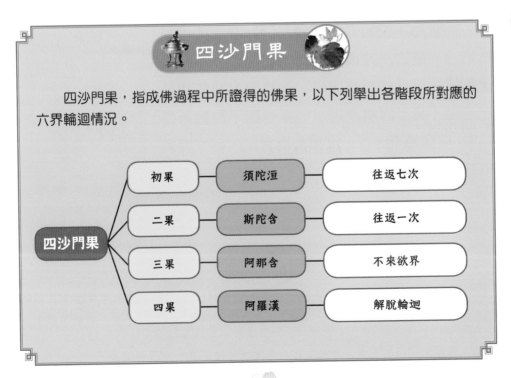

四沙門果

四沙門果，指成佛過程中所證得的佛果，以下列舉出各階段所對應的六界輪迴情況。

四沙門果	初果	須陀洹	往返七次
	二果	斯陀含	往返一次
	三果	阿那含	不來欲界
	四果	阿羅漢	解脫輪迴

註釋

❹ 阿羅漢：梵語音譯，意為「應供」、「殺賊」、「無生」，常簡稱為「羅漢」。為修習佛陀解脫之道者，已經斷盡我見、我執、三界貪愛等一切煩惱，不再於三界中輪迴，進入無餘涅槃界。

譯文

（佛陀言）「須菩提，你覺得如何？聞佛聲教而證得阿羅漢果位的聖人，可以有這樣的想法──『我得到阿羅漢道了』嗎？」

須菩提說：「不能，世尊。這是為什麼呢？因為沒有任何實物可以稱為阿羅漢。世尊，如果阿羅漢有這樣的想法──『我得到阿羅漢道了』，那就是執著於我相、人相、眾生相、壽者相。」

原文

「世尊，佛說我得無諍ㄓㄥˋ三昧ㄇㄟˋ❺，人中最為第一，是第一離欲阿羅漢。世尊，我不作是念──『我是離欲阿羅漢』。世尊，我若作是念──『我得阿羅漢道』，世尊則不說須菩提是樂ㄧㄠˋ阿蘭那❻行者。以須菩提實無所行，而名須菩提是樂阿蘭那行。」

文殊騎獅圖　清代佚名

文殊菩薩，又稱文殊師利菩薩、曼殊室利菩薩、妙吉祥菩薩，佛教四大菩薩之一，釋迦牟尼佛的左脅侍菩薩，代表智慧。因德才超群，居菩薩之首，故稱法王子。在此圖中，文殊菩薩坐在一隻獅子上，旁邊有一位侍女陪同。文殊菩薩的左右兩旁有兩朵蓮花，一朵上方放著珍珠，另一朵則放著被稱為金剛杵的法器。

註釋

❺ 無諍三昧：無我人、高下、聖凡之分，一律平等。
❻ 阿蘭那：為「無諍」的梵語音譯。

譯文

（須菩提言）「世尊，您說我沒有人我是非之心，已經證得一切寂然平等的無諍三昧，在人中是為第一，是第一離欲阿羅漢。世尊，但我並沒有『我是離欲阿羅漢』的想法。世尊，如果我有這樣的想法——『我已得阿羅漢道』，那麼世尊就不會認為我是修無諍行的修行人了。而我須菩提也實在沒有任何所行，只是名為須菩提善歡無諍行而已。」

賞析

　　本章說明不要執著於各種名相，包括佛法的任何名相，所以稱此章為「一相無相分」。在此段落中，佛陀與須菩提的問答是從「四向」的修行境界反復闡明，唯有無所執著，才能真正覺悟。一旦執著於佛陀所說的「須陀洹、斯陀含、阿那含、阿羅漢」四果位的名相，那也就遠離了這些果位的境界。所謂「一相無相」，就是指無論是哪一個果位的「相」，其本質都是「無相」。

　　這裡所說的「須陀洹、斯陀含、阿那含、阿羅漢」四種小乘果位的聖人，相較於凡夫俗子已是道高德重，但是佛陀仍然擔心常人不明白聖者應以「無念」為宗，所以不斷向須菩提提問。

　　佛陀問須陀洹在修行時自認為已得果，那就是已得道了嗎？須菩提深知佛陀之意，立即回答：「沒有，世尊。」接著，他補充須陀洹原義為入流，是指剛剛步入涅槃之聖流，初入無相之門，僅僅獲得預

聖流之雅號。而心無所得，所以無所入，且不入六塵境界，只是名為須陀洹而已。

　　佛教經典《雜阿含經》提到，若想得到須陀洹果，需修行五根、斷三結。《雜阿含經》記載：「那些斷除三結的比丘，能得須陀洹，不會墮落惡道，肯定會得到覺悟。」斷三結，即有身見、疑見、戒禁取見三種。一、斷有身見。不持我見，即在見解上，不再認為五蘊有「我」、「真我」、「實我」、「靈魂」。二、斷疑見。即斷除對佛、法、僧、戒律等一切疑慮，對佛、法、僧等擁有堅固不變的信心，不再產生懷疑，且對因緣果報之理不再產生疑惑。三、斷戒禁取見。入流聖者見證苦、集、滅、道四聖諦與涅槃的過程，不再迷信無益的宗教儀式、禁忌、戒條等。

　　而要得到須陀洹果，還必須具備以下七智：內心有覺悟真理的能力，得第一種智；反復修習，得到止息，寂滅，得第二種智；沒有外道之見解，得第三種智；依法的本質而行，無論犯任何戒，都會立即懺悔，約束自己，不再毀犯，得第四種智；行勞苦的工作，也不會忽略戒增上學、心增上學、慧增上學，

── 仿王維江山雪霽　清代王時敏 ──

王維，字摩詰，是禪畫的先驅。其字取自《維摩詰經》中的維摩詰居士之名。維摩詰是個在家修行的大居士，其慧辯神通，超越佛陀的諸大弟子，被認為是東方妙喜世界的大菩薩應現。

得第五種智；當佛陀講授佛法和戒律時，懂得求取義理，全心全意地聆聽法義，得第六種智；當佛陀講授佛法和戒律時，能求得聞法的歡悅，得第七種智。

而後，佛陀繼續問須菩提，那第二果斯陀含已經漸修精進，修無漏業，念念不住六塵境界，斯陀含就應該認為自己已得聲聞第二果嗎？須菩提同樣回答說：「沒有，世尊。」這是因為斯陀含只餘一生一滅，前念方著，後念即離，心不著生滅之相，是謂斯陀含。

而斯陀含果除了擁有須陀洹果的三個特質（斷疑見、斷戒禁取、斷我見）之外，還可以斷滅貪、瞋。也就是說，在修行的過程中，對世俗五欲產生遠離之心，減少根本欲望。

佛陀又向須菩提提出大哉問，他問阿那含在修行時，應自以為得聲聞第三果嗎？須菩提仍是說道：「沒有。」這則是因為阿那含不來欲界受生，內無欲心，外無欲境，習定已深，六塵四相，一一證空，而無不來之相。

最後，佛陀再問須菩提認為阿羅漢修行時，應該自念已得聲聞第四果嗎？須菩提回答說：「不是，世尊。」因為阿羅漢諸漏已盡，諸法不受，心空相滅，他完全沒有得道之心，又怎麼會有得果之念呢？如果於道有得，於法有名，乃凡夫之行，也就是已著於四相。道與法皆是假名，在行為道，在教道法，佛法本空，有何可得。所以阿羅漢若自念得道，就是著四相，何以為阿羅漢呢？

第十章

莊嚴淨土分

然燈佛所無得法，莊嚴佛土非莊嚴
清淨之心不住塵，須彌山大只爲名

原文

佛告須菩提：「於意云何？如來昔❶在然燈佛❷所，於法有所得不ㄈ？」

「不也，世尊。如來在然燈佛所，於法實無所得。」

「須菩提，於意云何？菩薩莊嚴佛土不ㄈ？」

「不也，世尊。何以故？莊嚴佛土者❸，即非莊嚴，是名莊嚴。」

註釋

❶ 昔：早先、以前。

金嵌松石珊瑚壇城　台灣國立故宮博物院館藏

須彌山，佛教宇宙觀中最高的神山，為日月之所與眾神佛的居所。此壇城頂面以分層分形、切割整齊、色澤均勻的松綠石組成，中央是象徵宇宙中心的須彌山，四方以抽象符號象徵四大部洲，周圍再繞以一圈渾圓碩大的珊瑚串。

❷ 然燈佛：現多作「燃燈佛」，又名「定光佛」，為佛陀現世之前所出現的佛，曾印證佛陀將會成佛。佛教普遍認為然燈佛是過去佛；佛陀是現在佛；彌勒佛是未來佛。

❸ 莊嚴佛土：即「莊嚴世間」，指端莊而有威嚴者恪守人之本性的世界。莊嚴：指端莊有威嚴。

譯文

　　佛陀告訴須菩提：「你覺得如何？我以前在然燈佛那裡，有得到什麼成佛之法嗎？」

　　（須菩提言）「沒有的，世尊。您以前在然燈佛那裡，並沒有得到什麼成佛之法。」

　　（佛陀言）「須菩提，你又覺得如何？菩薩會執著於形相的莊嚴佛土嗎？」

　　（須菩提言）「不會的，世尊。這是為什麼呢？因為您所說的莊嚴佛土，並不是莊嚴佛性本身，只是名為莊嚴而已。」

───── 須彌山曼陀羅　元代佚名 ─────

　　此掛毯中央象徵須彌山，以倒置的金字塔狀頂著蓮花，須彌山右下角是象徵著太陽的三足鳥，左下角則是象徵著月亮的兔子。而須彌山周圍的山脈則代表佛教宇宙觀中的四大洲。

原文

「是故，須菩提，諸菩薩摩訶薩應如是生清淨心：不應住色生心，不應住聲、香、味、觸、法生心，應無所住而生其心。須菩提，譬如有人，身如須彌❹山王，於意云何？是身為大不？」

須菩提言：「甚大，世尊。何以故？佛說非身，是名大身❺。」

註釋

❹ 須彌：又作蘇迷盧山、須彌盧山、須彌留山、修迷樓山，略作彌樓山。原為印度神話中之山名，佛教的宇宙觀沿用之，謂其為聳立於一小世界中央的高山。以此山為中心，周圍有八山、八海環繞，而形成一世界（須彌世界）。據《長阿含經》記載，須彌山高出水面八萬四千由旬，水面之下亦深達八萬四千由旬。其山直上，無所曲折，山中香木繁茂，四面四埵突出，有四大天王之宮殿，山基有純金沙。此山有上、中、下三級「七寶階道」，夾道兩旁有七重寶牆、七重欄楯、七重羅網、七重行樹，其間之門、牆、窗、欄、樹等，皆為金、銀、水晶、琉璃等所製成。花果繁盛，香風

然燈佛石雕像　美國大都會藝術博物館藏

然燈佛為過去佛，地位極尊，因其出生時身邊一切光明如燈，故被稱為「然燈佛」，又名「定光如來」。

四起，無數奇鳥相和而鳴，諸鬼神住於其中。須彌山頂還有三十三
天宮，為帝釋天所居住之處。

❺ 大身：指充滿虛空的碩大身相。

（佛陀言）「就因如此，須菩提，諸位菩薩與大菩薩應該如此生
清淨之心，不可執著於色塵、聲塵、香塵、味塵、觸塵、法塵之上，
應該無所執著而生清淨之心。須菩提，譬如有人，他的身體有如須彌
山王那麼巨大，你覺得如何？他的身體很巨大嗎？」

須菩提說道：「非常巨大，世尊。這是為什麼呢？佛陀所說的只
是形相的身體，所以這確實可以說是巨大的身體。」

此章透過佛性本身的莊嚴，闡明佛法的真諦是「莊嚴淨土」，而
真正的莊嚴淨土就是無所執著，如佛陀並非從
然燈佛處求得佛法而成佛一樣；我們希望前往
莊嚴佛土，但應謹記並非真的存有莊嚴佛土，
應屏除這些念頭，才不會有所執著。

在此章節中，佛陀先問須菩提，以前自己

── 金纍絲八吉祥供具 台灣國立故宮博物院館藏 ──

佛教宇宙觀認為世界最底為風輪，風輪之上有水輪；
水輪之上有金輪；金輪之上以須彌山為中心，往外有八山
七海。第七山之外圍第八大海中，有人類所居住的四大部
洲。最外層再以鐵圍山為界限，圍成一個空間，再加上諸
天所居住的天界，共同構成有情眾生居住的器世間。

此供具底座的須彌山以茜綠色相牙浮雕而成，自山頂
鑽出一股雲氣，向上攀升匯聚成一團大雲朵，上托以珊
瑚、玉石所雕製的七政寶。

與然燈佛會晤時，是否從然燈佛那裡得到了成佛之法？這裡要先解釋一下「然燈佛」是誰。「然燈佛」是佛陀在成佛之前的過去佛，《增一阿含經》記載，然燈佛曾在過去世預言佛陀未來將成佛，是為佛陀授記之師。授記，即對修行者未來將得到的成就、果位和將要經歷之事所做出的預言和肯定。

　　而據《太子瑞應本起經》所述，佛陀過去世曾為虔誠敬佛的善慧童子，當時的他曾重金買下一枝稀有的五莖蓮花，供養給然燈佛。由於蓮花是佛教中的聖花，就像《妙法蓮花經》即以蓮花象徵佛教教義的純潔高雅，而五莖蓮花更是聖花中的珍品。佛陀以五莖蓮花供養之舉使然燈如來非常高興，佛在歡悅之餘，便為其授記，預言他將在九十一劫之後成佛。而《大乘本生心地觀經》亦曾提到：「昔為摩納仙人時，布髮供養然燈佛，以是精進因緣故，八劫超於生死海。」

　　在此章中，佛陀便以授記之事為須菩提宣講般若之義，而須菩提認為，佛陀雖然有與然燈佛會晤，但卻並非是從然燈佛那裡得到成佛之法而成佛的。因為，佛性必須自悟才能自度，佛陀也是透過自修從而自悟。

　　而後，佛陀又接著問須菩提，他是否認為菩薩要發願前往莊嚴佛土？在此先說明一下，莊嚴佛土為端莊有威嚴者恪守人之本性的世界。而須菩提認為佛陀所說的莊嚴佛土，只是形相上的莊嚴佛土，不過是假借莊嚴之名而已，並非指回歸清靜的佛性。所以菩薩不應該執著於形相上的莊嚴佛土。

　　佛陀十分肯定須菩提的論述，指出菩薩應當一

———— 釋迦牟尼佛和僧侶　美國洛杉磯郡立美術館藏 ————

　　釋迦牟尼佛告誡世人應弘法利生，自利利他，行六度萬行，財布施、法布施、無畏布施，隨緣隨份去廣修功德，才能得至莊嚴淨土。

心不亂以生清淨心，不執著於六塵，不產生一切意念。否則便會受六塵所蒙蔽、束縛，妄念旋起，心又如何能清淨呢？所以弟子與世人都應該發一無所執著之心，即為清淨之心。

佛陀再問須菩提一個問題，假若有一個人的身體像須彌山那麼巨大，那他的身體就是真的很巨大嗎？須菩提覺得此人的身體雖然巨大，但並非真正的大身。這是為什麼呢？因為他的身形再大，也如同世間萬物一般，都是有生、有滅的。不過，此處佛陀所說的「大身」也可指非形相的自性真身，此真身包含整個太虛宇宙、遍布整個法界、無所執著、非空有形相，這又哪裡是有形有相的須彌山所能比擬的呢？所以，此處也不過是假借「大身」之名罷了。

此章中的「應無所住，而生其心」一語，為整部《金剛經》的精髓。每一部經都有其最重要的核心，而上述一語就是全部經文的精華，指出世人應無所執著，而生清淨之心。

由《金剛經》前九章的論述就可以知曉，佛陀告誡世人應弘法利生，自利利他，行六度萬行，財布施、法布施、無畏布施，隨緣隨份去廣修功德，才能得至莊嚴淨土。在這過程中，還必須持守自己的清淨之心，永不執著於相。當世人發菩提心修行佛道時，應廣修六度萬行以養此清淨心。清淨心越大，其智慧就越高，其福德也會越來越深厚，終至圓滿，成就佛道。

第十一章

無為福勝兮

恆河沙數寧多不，恆河無數況其沙
如是布施福多不，受持宣說福德勝

 原文

「須菩提，如恆河❶中所有沙數，如是沙等恆河，於意云何？是諸恆河沙寧❷為多不ㄈㄡˇ？」

須菩提言：「甚多，世尊。但諸恆河尚多無數，何況其沙。」

註釋

❶ 恆河：為流經印度北部及孟加拉的主要河流。佛陀時常於恆河兩岸說法，後多以恆河之沙比喻數量之多。

❷ 寧：豈、難道。

維摩說法圖　明代唐寅

此圖繪維摩詰（即「維摩」）端坐磐石之上說法，四周信徒環繞，不分男女老幼、貧富貴賤。這位來自東方妙喜世界的大菩薩維摩詰，為了救度眾生化身一位長者，來到佛陀所治理之婆娑世界中的毘耶離城。他精通佛教哲理，辯才無礙；既明瞭眾生心之所趣，又能辨眾人資質之慧鈍，並深入眾生之地講論佛法。

金剛經

譯文

（佛陀言）「須菩提，假若以恆河中所有沙子之數為例，有一粒沙子就等於有一條河，你覺得如何？所有河內的沙子難道不多嗎？」

須菩提說道：「非常多的，世尊。光是所有的恆河就已經無數多了，何況是所有河中之沙。」

原文

「須菩提，我今實言告汝，若有善男子、善女人以七寶滿爾所恆河沙數三千大千世界，以用布施，得福多不ㄈㄡˇ？」

須菩提言：「甚多，世尊。」

佛告須菩提：「若善男子、善女人，於此經中，乃至受持四句偈ㄐㄧˋ等，為他人說，而此福德勝前福德。」

譯文

（佛陀言）「須菩提，我今天告訴你一句實話，如果有善男子、善女人用如恆河沙數之多的三千大千世界七寶布施，那麼其所得的福德多嗎？」

恆河明信片　美國國會圖書館藏

佛教經典中常以恆河裡的砂石細碎且數量之多，比喻數之極多。恆河為印度五大河之一，發源於西藏的喜馬拉雅山，向東南流，注入孟加拉灣。其源高且遠，其河寬且長，河中的沙又細又多，超過世界諸多河流。

須菩提說道：「非常多的，世尊。」

佛陀又告訴須菩提：「但假若又有善男子、善女人，將此經或其中的四句偈等部分經文為他人宣說，如此所得的福德其實更勝於前者用無數七寶布施所得的福德。」

賞析

此章以恆河之沙為喻，說明《金剛經》是佛法寶典，能自度度人才能求得真福德。此章名為「無為福勝分」，指明「無為」與「空」的根本義理，依此義理所獲得的福德更勝於一切有形的布施，強調「萬法皆空」。

恆河，本義為「速流、速去」，並蘊含「永無斷流」的意思。佛陀時常於恆河兩岸說法，每當提及數量之多時，佛陀便會以恆河之沙作為比喻。爾後，「恆河沙數」便常被用以形容數量極多，難以勝數。此章中，佛陀就用恆河沙數為

畫蘇軾留帶圖　明代崔子忠

此圖描繪蘇軾與金山寺僧佛印禪師說偈，最後將其腰上玉帶留於金山寺一事。當時，蘇軾曾作〈戲答佛印偈〉一偈，云：「百千燈作一燈光，儘是恆沙妙法王，是故東坡不敢借，借君四大作禪床。」佛印禪師回以一偈，云：「石霜奪取裴休笏，三百年來眾口誇；爭似蘇公留玉帶，長和明月共無瑕。」

喻，以一粒沙比喻一條恆河。如此一來，所有恆河內的沙數多不多呢？須菩提認為以一沙為一恆河，恆河尚且無數，更何況所有恆河中的所有沙數呢？

　　佛陀接著進一步說明，假若有善男子、善女人受持並讀誦這部《金剛經》，甚至只受持了其中一小段經文，如四句偈等。且除受持之外，又能為他人解說，那麼此人所得之福德，就已經遠遠勝過以恆河沙數的三千大千世界七寶來布施之人所得的福德。再來，佛陀還要弟子與世人注意，為何受持與為他人解說經文所得的福德，會遠超過以無數七寶布施的福德呢？這是因為以無數七寶布施所得之福德，終會有享盡的一天，即屬於有漏的福德相。

　　《佛說大乘金剛經論》亦曾對七寶布施有所記載：「文殊菩薩問佛：『云何是一身七寶布施？』佛言：『不貪是布施。所謂眼不貪好色奇物，

是色寶布施；耳不貪好樂音聲，是聲寶布施；鼻不貪好上妙香，是香寶布施；舌不貪好上美味，是味寶布施；身不貪好妙衣服，是觸寶布施；意不貪名利恩愛，是法寶布施；性不貪世間娛樂，

── 七寶阿育王塔　宋代佚名 ──

　　此塔以佛教七寶──硨磲、珊瑚、琉璃、金、銀、瑪瑙（另一說）、玻璃（另一說）為飾，塔身布滿各種佛教紋飾與圖案，主要以佛教聖花──蓮花與忍冬作裝飾。塔上四側板內分別設置坐佛和立佛，外側刻佛傳故事，描繪佛陀孕育、誕生、出家、苦修，到覺悟、傳法，終至涅槃的所有過程，表現佛祖非凡的一生。此塔被視為佛教中的塔王，精美出眾，無與倫比。

是佛寶布施。若有人能悟，自身中七寶布施，所得福報，勝如世間金、銀、琉璃、珍珠、瑪瑙、珊瑚、琥珀七寶布施之福，百千萬分，不及其一，乃至譬喻所不能及。』」

　　根據《佛說大乘金剛經論》的記載，我們得以知曉，佛陀認為布施是為了要滅除貪婪吝嗇之心，所以擁有不貪之心便是最好的布施。例如眼睛不貪看美色或珍寶，就是色寶布施；耳朵不貪聽美好的音樂歌聲，就是聲寶布施；鼻子不貪聞芬芳香味，就是香寶布施；舌頭不貪嚐好吃的食物，便是味寶布施；身體不貪著上等質料衣服，就是觸寶布施；心中不貪圖世間的名利富貴，就是法寶布施；本性不貪戀世間的安樂，就是佛寶布施。若世人能知道此七寶布施，那也就是以自身所具七寶布施，其所得的福德便遠遠勝過以金、銀、琉璃、珍珠、瑪瑙、珊瑚、琥珀等物質七寶之有漏布施。

　　假若世人又能受持佛法經典，並為他人解說，就可以明心見性，以至成佛；又可以引導他人修行佛道，讓一切眾生斷煩惱、了生死，轉凡成佛，破迷啟悟。如此的無漏福德是無法用數量計算出來的，這是無盡的實相智慧。這種無漏福德如虛空一般，無可限量，所以佛陀才說：「而此福德，勝前福德。」而這也呼應了在第八章中佛陀曾說的：「一切諸佛及諸佛阿耨多羅三藐三菩提法，皆從此經出。」

　　再加上，為他人解說經典之舉還可以傳揚佛法，解除眾生的迷惘，是為「法布施」，是有別於「財布施」的利他之舉。從此章就可以更進一步證明，法布施的無漏福德遠超於財布施的有漏福德。而佛陀點出此理的原因是為了讓弟子與世人在受持《金剛經》時，能夠對佛法有信心，從而腳踏實地受持此經，並且為他人說法，自利利他。

第十二章

尊重正教分

隨說是經四句偈，世間天人阿修羅
如佛塔廟敬供養，受持讀誦最上法

原文

復次：「須菩提，隨說是經，乃至四句偈ㄐㄧㄝˋ等，當知此處，一切世間❶天、人、阿修羅❷皆應供ㄍㄨㄥ養ㄧㄤˊ❸，如佛塔廟。何況有人盡能受持、讀誦，須菩提，當知是人成就最上第一希有之法。若是經典所在之處，即為有佛，若尊重弟子。」

註釋

❶ 世間：即世俗、凡俗之義。包含有情與國土（器世間）二者。關於世間之分類，有以下兩種說法。據《俱舍論》：一、有情世間。又作眾生

金剛經塔圖　宋代趙善杠

此圖將《金剛經》全文文字排列成佛塔之狀。古代印度最早建佛塔是為了放置佛陀的身骨，供世人紀念崇拜。佛教極為重視形象崇拜，所以在傳播發展過程中，佛像的角色十分重要。而佛塔作為藏有佛骨的建築亦顯得尤為重要，也成為佛的象徵，被佛教徒當作佛崇拜。

金

剛

經

107

世間、有情界，指一切有情眾生。二、器世間。又作物器世間、器
世界、器界、器，指有情居住之山河大地、國土。據《華嚴經》：一、
器世間。指三千世界，此乃如來所化之境。二、眾生世間。指如來
所教化之機眾。三、智正覺世間。指如來能化之智身。

❷ 天、人、阿修羅：為「三善道」，包括天道、人道、阿修羅道。天：
指「天道」，天人之所。在人道之人於持守十善後，飛升入天的天
人，可以飛翔、有神通，但仍會死亡，終入輪迴。人：指「人道」，
人類之所。阿修羅：指「阿修羅道」，阿修羅之所。為梵語音譯，
本義為「福報似天，而非天」，是半神半人的大力神。

❸ 供養：對佛寶、法寶和僧寶三寶的供奉。佛寶指佛陀覺悟出的心靈
力量和圓滿智慧的德
行；法寶指佛法、教
法；僧寶指出家修行
者。

譯文

　　佛陀再進一步說明
道：「須菩提，若是有
人隨處講解此經，就算
只有講解其中的四句偈
等部分經文，那都應當
知道此一講經的地方，

阿修羅像　奈良興福寺藏

　　阿修羅的瞋怒心重、嫉妒心重、好爭鬥，常與天人戰爭，屢戰屢敗，而後於戰
敗時皈依三寶。

是一切世間的天人、人類、阿修羅都應該恭敬供養之處，並且要如同供養佛的塔廟一樣。更何況是有人能夠受持、讀誦此經呢？須菩提，應當知道這個能夠受持、誦讀此經的人，便能成就世間第一稀有的無上菩提法。因此，此經所在的地方，就好像有佛陀在那裡，要像尊重佛陀弟子一般予以尊重。」

賞析

　　此章點出《金剛經》在佛教經典中的至尊地位，而此地位是由於《金剛經》體現出佛法的空無妙理而得。所以，弟子與世人對於能夠受持《金剛經》的人也要予以最高的尊重，是以稱此章為「尊重正教分」。

　　佛陀言明如果有人能隨處解說、讀誦《金剛經》，就算只是此經的一小段經文，如四句偈等部分。那麼不論此人是僧人、俗士、凡夫、

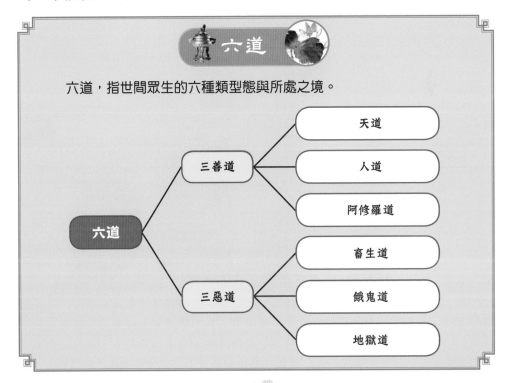

六道

六道，指世間眾生的六種類型態與所處之境。

- 六道
  - 三善道
    - 天道
    - 人道
    - 阿修羅道
  - 三惡道
    - 畜生道
    - 餓鬼道
    - 地獄道

聖人，只要是他解說、讀誦《金剛經》的地方，那世間一切天人、人類、阿修羅都應該恭敬供養，就像對著佛塔、佛廟那樣地虔誠供養。

此處所指的「世間」其實包含代表有情眾生的「有情世間」，以及有情眾土所居住的「器世間」。有情世間又包含三界、四聖、六凡的有情眾生；而六凡則包括地獄道、餓鬼道、畜生道、阿修羅道、人道、天道。為何此處只提到分別存在於天道、人道、阿修羅道三善道之中的天人、人、阿修羅，卻未提及分別存在於畜生道、餓鬼道、地獄道三惡道的眾生呢？這是由於三惡道的眾生，除了不懂得供養外，也沒時間供養。

舉例來說，畜生道的眾生被束縛在愚癡之苦裡，每當有人講經說法時，畜生道的眾生總是無法理解其作為，又怎麼會前來供養呢？而餓鬼道與地獄道的眾生則是備受無間痛苦，從來沒有停息，也就沒有時間前來供養，所以此處言供養才沒有舉出三惡道的眾生。

六道中，天道與阿修羅道樂多苦少；地獄、餓鬼、畜生三惡道苦多樂少。是以，天道、阿修羅道、

疏林古寺圖　清代朱翰之

寺，本為一種官署名稱，如大理寺、太常寺、鴻臚寺等。東漢明帝時，皇帝邀請印度僧人攝摩騰、竺法蘭前來中土弘法布教。他們抵達中土時曾居住於洛陽的鴻臚寺，兩人用白馬馱經而來，所以鴻臚寺便於改建後改名為白馬寺。白馬寺也成為中國歷史上第一座佛教寺院，從此以後，寺便成為僧人居住、弘法場所的通稱。

地獄道、餓鬼道、畜生道眾生都難以專心修行。唯獨人道是苦樂參半，苦可促使此間眾生對人世間產生厭離之心，修行時間又較其餘五道充足，且成佛也只能在人道之中，所以人道為六道中最適合修行之道。

那應該如何供養呢？佛教有十種供養物，即香、花、燈、水、果、茶、食、珠、寶、衣。香能通氣養神，忘卻自己。燃香時，香自滅而留香與人，如佛教中捨己為人的精神；花能清心養目，用花供佛，更顯佛堂莊嚴。如每日在花瓶中插些鮮花，清香撲鼻，能讓人醒心悅目，莊嚴的佛堂襯上幾朵淡雅芬芳的花，恭敬之心油然而生；燈有「去暗投明」之義，暗指希望每個人都能做暗路中的一盞明燈，驅除幽暗世界，光亮宇宙大地；水能洗除眾垢，令物清淨，且水具有和合性，無論大江、小溪，清淨、濁穢之水匯聚一方，皆成一體，無法分辨出水的來處，就如眾生應該學習此和合性，平等無差別，待人處事上不愧天，下不愧人，更不愧己心；果

— 平陽傳燈寺圖　清代佚名 —

平陽寺，建於清代康熙年間，規模宏大。清聖祖康熙帝曾南巡至此，賜額「傳燈志」，所以又名為「傳燈寺」。平陽寺舊時藏有高僧弘覺禪師血書的《法華經》，以及清聖祖南巡時贈與弘覺禪師的黃紘與千佛袈裟，此三物被稱為「平陽寺三寶」。

象徵做事必須有始有終，不得半途而廢，如同種果樹的人，耐得起辛勞、栽植、施肥、灌溉，待樹開花結果，才有豐富的收穫，而眾生學佛就應當如此精勤向道，不畏阻礙，切莫退失道心。

　　茶能使人於昏昏欲睡之時精神百倍，象徵眾生學佛，昏沉不得，須時時省察自己的起心動念、所做所為是否正確，人若不明道理，不懂佛理，凡事迷迷糊糊，就好比一天到晚昏睡不醒，辜負大好時光，愧對己身；食能維持人的精神，在此世間上，有情眾生或無情草木都免不了飲食，如花木需要露水泥土的滋潤，而人除了吃飯以外，更重要的是需要以道德莊嚴我們的人格；珠外形圓潤，象徵學佛眾生做事要圓滿，待人要圓融，不可有所偏差，有所不圓；寶可消除業障、心得安寧、福壽綿長、永離惡道之功德；衣引申為「依靠」，衣服須穿在身上，才能顯出此衣之好壞，而學佛眾生須依佛、依法才能得到究竟解脫。供養可以隨眾生能做得到的範圍，只是供養時須存有一顆虔誠的恭敬心，如此供養才能得福報。

　　最後，佛陀再次強調，若是有人能受持、讀誦此經，成就世上第一稀有的無上菩提法，讓眾生領悟自性。那此人講經之所就彷彿有佛，要對受持、讀誦此經的人像尊重佛陀弟子一樣尊重他。

寫生花卉圖　明代陳栝

　　以花供養象徵萬行開花結果，具有無比殊勝的功德。在《佛為首迦長者說業報差別經》記載以花供佛，能得十種功德：處世如花；身無臭穢；福香戒香，遍諸方所；隨所生處，鼻根不壞；超勝世間，為眾歸仰；身常香潔；愛樂正法，受持讀誦；具大福報；命終生天；速證涅槃。

第十三章

如法受持分

所有微塵非多數，三十二相非如來
金剛般若波羅蜜，以是為名應奉持

原文

爾時，須菩提白ㄅㄛˊ佛言：「世尊，當何名此經？我等云何奉持？」

佛告須菩提：「是經名為《金剛般ㄅㄛ若ㄖㄜˇ❶波羅蜜❷》，以是名字，汝當奉持。所以者何？須菩提，佛說般ㄅㄛ若ㄖㄜˇ波羅蜜，即非般ㄅㄛ若ㄖㄜˇ波羅蜜，是名般ㄅㄛ若ㄖㄜˇ波羅蜜。」

註釋

❶ 般若：本義為「超越之智慧」，有別於一般的智慧，指的是「妙智妙慧」，因其難以描述，唯有所體會者方能知曉。為戒、定、慧三無漏學之「慧」。具備般若智慧的人可以依照自己的觀察力選擇正確的道路，而

秋江待渡圖　明代仇英

圖中待渡者坐於石磯，如同滯於此岸的眾生，渴望救度到無煩惱的彼岸。假若眾生想要求得真正自在解脫的話，就必然需要善用般若智慧，發揮自身佛性。

缺乏般若智慧的人則會陷入愚癡無明的境地。

❷ 波羅蜜：指可以助人到達彼岸的能力或觀念，單數稱「波羅蜜」，
複數稱「波羅蜜多」。波羅蜜為所有習佛之人必修的善德，亦為成
就究竟菩提的根本。又可稱之為「度」，意謂從生死的此岸能因佛
法而救度到涅槃解脫的彼岸。

譯文

　　那個時候，須菩提向佛陀問道：「世尊，應該如何為此部經取名
呢？我們又應該如何受持並奉行呢？」

　　佛陀告訴須菩提道：「此經就名為《金剛般若波羅蜜》，以此為名，
你們應當依法奉持。那為什麼取這個名字呢？須菩提，我所說的般若
波羅蜜，並非般若波羅蜜的本質，其實只是
稱為般若波羅蜜的名相罷了。」

原文

　　「須菩提，於意云何？如來有所說法
不ㄈㄡ？」

　　須菩提白ㄅㄛ佛言：「世尊，如來無所
說。」

　　「須菩提，於意云何？三千大千世界
所有微塵❸，是為多不ㄈㄡ？」

　　須菩提言：「甚多，世尊。」

──── 本義佛與二侍者圖　美國大都會藝術博物館藏 ────

　　此圖上方雲霧繚繞，佛陀結禪定印安坐於中央蓮花座上。圖畫左側為佛陀弟子
摩訶迦葉，右側為韋馱護法，下方則是四名捧著花瓶前來面佛的孩童。整體畫面和
諧安詳，人物寧靜祥和，孩童天真可愛。

❸ 微塵：佛教將物質無法分割的最小單位稱為「極微」，七個極微為一微塵。後常用以形容極細小的物質。

譯文

（佛陀言）「須菩提，你覺得如何？我對此有所說法嗎？」

須菩提回答佛陀道：「世尊，您並無說法。」

（佛陀言）「須菩提，那你又覺得如何？這三千大千世界裡的所有微塵算多嗎？」

須菩提說道：「非常多的，世尊。」

原文

「須菩提，諸微塵，如來說非微塵，是名微塵；如來說世界，非世界，是名世界。須菩提，於意云何？可以三十二相❹見如來不ㄈㄡˇ？」

「不也，世尊。不可以三十二相得見如來。何以故？如來說三十二相，即是非相，是名三十二相。」

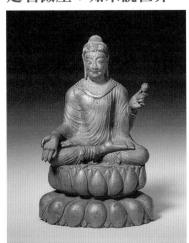

釋迦牟尼佛坐像　隋唐文物

此佛像面部泥金，藍色髮髻，右手施與願印，左手握衣角，結跏趺坐。身軀魁偉，圓領通肩袈裟，一角披於左肩後，衣紋寫實，質感厚重，可見犍陀羅晚期佛教藝術遺風。而此像頭部的色彩是坐像於西藏流傳中塗飾的，按西藏習俗，經常為佛貼金敷彩可以修功德。

❹ 三十二相：又作丈夫相、大人相、四八相、大士相、大丈夫相，指
佛陀肉身或轉輪聖王所具足的三十二種外貌特徵。古印度認為統
一四海的轉輪聖王擁有三十二種面貌和身體特徵，而且頭上旋轉著
金輪（法輪）。佛陀出生時，便已具備轉輪聖王的德相，當時便有
婆羅門祭司預言他將會成為轉輪聖王或出家成就最上佛果。大乘佛
教認為佛陀的三十二相是一種示現，也是在因地為菩薩修行時積累
福德所獲的果，體現佛陀的內德。例如不妄語、兩舌、惡口，多實
語、愛語，故得廣長舌、齒多且好相。又如佛陀成佛時，頭頂長出
肉髻，為佛陀獨有的特徵。

譯文

　（佛陀言）「須菩提，這些微塵，我說他們並非微塵本身，只是
名為微塵罷了。而我說的世界也並非世界本身，只是名為世界罷了。

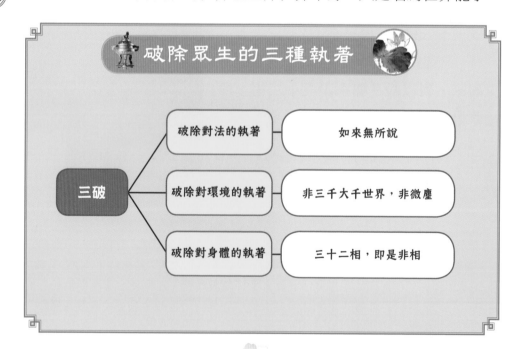

須菩提，那你覺得可以透過三十二相見到如來本身嗎？」

（須菩提言）「不可以的，世尊，我們無法透過三十二相見到如來本身。這是為什麼呢？因為您所說的三十二相並非如來本身，只是名為三十二相罷了。」

原文

「須菩提，若有善男子、善女人以恆河沙等身命布施；若復有人，於此經中，乃至受持四句偈[1]等，為他人說，其福甚多。」

譯文

（佛陀言）「須菩提，假若有善男子、善女人能夠受持此經，就算只有受持其中的四句偈等部分經文，且能夠為他人宣說此經，他所得到的福德自然是非常多的。」

金
剛
經

— 題倪瓚像　元代張雨 —

此圖繪元代南宗山水畫代表倪瓚，畫中以維摩詰居士坐姿塑造倪瓚風神清朗的隱士形象，其身旁侍者手持拂塵、水瓶、水匜等。張雨並於題贊中稱倪瓚「達生傲睨，玩世諧謔」。從外在形象直透其內在神氣，與畫像恰可對映。

賞析

　　此章中，佛陀為本次說法之內容取名為《金剛般若波羅蜜》，此次說法的所有紀錄內容就集成《金剛般若波羅蜜經》一書，往後多簡稱為《金剛經》。除了為此經取名外，佛陀再以「般若波羅蜜」、「微塵」、「三十二相」三名相作為引導，說明世人修行勿執著名相本身，必須把握佛法真諦，是以此章名為「如法受持分」。

　　在此章節中，須菩提首先向佛陀請教該如何為本次說法的內容取名，以及弟子與世人應該如何受持、奉行此經。而後，佛陀便將此經取名為《金剛般若波羅蜜》，寓意期望眾生以至高無上的妙智慧到達彼岸。此名富有無上的意義，眾生應當恭敬護持。而此處佛陀所指的般若波羅蜜為妙覺本性，此妙覺本性實則空如太虛，本體既然是虛無的，無法透過言語或文字證得。但佛陀唯恐世人生斷見之心，又為了方便眾弟子奉持，才不得已勉強為本次說法內容取名作《金剛般若波羅蜜》。但眾生覺悟的本性必須脫離言說、文字、形相的執著，所以佛陀在此次說法時，心中並沒有「自己有所說法」的念頭。

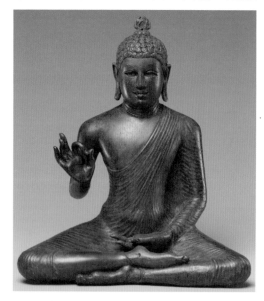

———— **坐佛說法　斯里蘭卡文物** ————

　　斯里蘭卡的宗教以上座部佛教為主，占總人口的七成以上。據斯里蘭卡編年史《島史》、《大史》記載，佛教首先由印度孔雀王朝阿育王時代的佛教長老——摩哂陀傳入斯里蘭卡，並在斯里蘭卡天愛帝須王的治理下廣為弘揚。此像中的佛陀以冥想的瑜伽姿勢端坐，眼窩上鑲嵌有寶石或水晶，增加佛像的真實感，火焰狀的頭部隆起為佛陀的象徵。

而在三千大千世界之中，所有的微塵是非常多的。不過，三千大千世界中的微塵雖然很多，卻都沒有自主性，這些微塵都只是因緣而生。因緣而有，終究會因緣散失，一切都只是幻化而已。所以三千大千世界的微塵並非微塵的永恆本質，只不過假借一個名稱，稱之為「微塵」罷了。在瞭解此道理之後，就可以得知世界雖然廣大，但沒有自主性，會因為因緣有所變化、毀壞，所以世界也是虛空不實的，只是為了方便言說而不得已假借一個名稱罷了。

　　接著，佛陀以「三十二相」為引，再進一步解說第八章所言之「身相」。眾生無法透過佛陀的三十二身相見到佛陀成佛的本質，這是因為佛陀的三十二身相同是屬於因緣假合所呈現的短暫現象，此三十二身相根本沒有自主性，也不是實在、永恆的存在，所以這也是為了方便解說，而假借的一個名稱。

　　最後，佛陀繼續說明若是有眾生能以恆河沙數之多的命數生生世世獻身布施，並且受持、講說此部《金剛經》，就算僅僅解說其中四句偈等經文。只要能自己發願意領悟佛法與為他人說之心，自悟悟人，自利利人，讓眾生都能夠體悟自身佛性，那麼此人持經布施所得福德就是十分多的。

　　此章透過《金剛經》、世界微塵、佛之三十二相的名稱，點明《金剛經》的微言大義——破除所有名相的空諦，當眾生覺悟此理就是所謂的「如法受持」。

第十四章

離相寂滅分

離一切相名諸佛，如佛截身無瞋恨
心住於法如入闇，心不住法如有目

 原文

　　爾時，須菩提聞說是經，深解義趣❶，涕淚悲泣，而白ㄅㄞˊ佛言：「希有世尊，佛說如是甚深經典，我從昔來所得慧眼❷，未曾得聞如是之經。世尊，若復有人得聞是經，信心清淨，則生實相❸，當知是人成就第一希有功德。世尊，是實相者，則是非相，是故如來說名實相。」

註釋

❶ 深解義趣：指理解、領悟佛法至高無上的道理。義：即「離相無住，妙有不有」的義理。趣：即「般若妙用，真空不空」的旨趣。

鈴首曲背彎刀　殷商文物

　　在佛陀行菩薩道的某一世中，他轉世為忍辱仙人。某一天，他遇到國家中的國王——歌利王。歌利王質疑忍辱仙人的修為，便砍斷其手足四肢，還有耳、鼻。忍辱仙人血流如注，非常痛苦，哥利王便在旁邊觀看忍辱仙人是否能忍此等奇恥大辱。但忍辱仙人不僅沒有一絲一毫憤恨，反而發願自己成佛後，必定先度化歌利王。當下，忍辱仙人的身體真的回復原狀，毫無損傷。眾人亦對其德行，莫不稱讚欽仰。

❷ 慧眼：指不受無明障礙而如實知見的能力。《舍利弗阿毘曇論》中提到，以聞、思、修三慧為慧眼，由慧眼可得正見。《瑜伽師地論》則載有，學聖人雖然能夠以慧眼如實知見，瞭解涅槃寂靜，但是其本身尚未得到現證。

❸ 實相：指諸法真實之相。此詞最早源於鳩摩羅什翻譯經典時的用詞，可涵蓋法性、真如、真實、法自性、真實相等義。但鳩摩羅什在翻譯經典時，並沒有將上述數詞統一譯為實相，而是根據上下文決定翻譯名稱。而這些詞被鳩摩羅什譯為實相的共通點就是，形容諸法相互依存的緣起關係。

譯文

　　那個時候，須菩提聆聽佛陀說法至此，其心已經深刻理解其中的義理旨趣，他頗為感動地流淚哭泣並向佛陀說道：「獨一無二的世尊，您所說的這等經典過於深奧，我雖然具備從前就得到的慧眼，卻也未曾聽得如此深奧的經典。世尊，如果又有人得以聽聞此經，並發篤信之心、純正清淨之心，就能產生實在的本相，應當知道此人成就了第一稀有的功德。世尊，但若是執著於此實相的話，那就又不是實相本身了，所以佛陀才會說那只是名為實相罷了。」

坐佛像　斯里蘭卡文物

　　佛陀具備肉眼、天眼、慧眼、法眼、佛眼五眼。肉眼是肉身凡夫的眼，遇到昏暗、阻礙，就不能見；天眼是天人的眼，遠近晝夜都能看得見；慧眼是聲聞的眼，能看破假相，識得真空；法眼是菩薩的眼，能清澈看清世間和出世間的一切法門；佛眼是如來的眼，有了佛眼便兼有前面四種眼，可以無事不知，無事不見。

原文

「世尊，我今得聞如是經典，信解受持❹，不足為難。若當來世，後五百歲，其有眾生得聞是經，信解受持，是人則為第一希有。何以故？此人無我相、人相、眾生相、壽者相。所以者何？我相，即是非相；人相、眾生相、壽者相，即是非相。何以故？離一切諸相，則名諸佛。」

註釋

❹ 信解受持：同「信解行證」，先信仰佛法，再理解佛法的道理，然後按照佛法的道理修行實踐，最後覺悟成佛。

譯文

（須菩提言）「世尊，我現在得以聽聞如此經典，以此信奉受持不算難事。倘若佛陀您圓寂之後五百年，能夠有眾生得以聽聞此經，且能信解受持，此人就可以算是極為稀有、難得的了。這是為什麼呢？因為此人心中屏除我相、人

元人說經圖　台灣國立故宮博物院館藏

元人說經圖共有三幅，此幅為說經的主尊，另外還有兩幅為聽經的八大菩薩。此圖繪釋迦牟尼佛結跏坐，右手作說法印，兩大弟子阿難、迦葉侍立左右。三幅中唯有此圖無論絹質、用筆、設色，皆與另外兩幅不同，且阿難、迦葉的方位錯置，疑為清廷畫工補畫。

相、眾生相、壽者相。這是什麼意思呢？也就是此人理解，我相就是非實有的空相；而人相、眾生相、壽者相也同為非實有的空相。那又為什麼說此人是稀有的呢？因為脫離一切非實有空相的人，也就可以說是達到佛之境地了。」

原文

佛告須菩提：「如是！如是！若復有人得聞是經，不驚、不怖、不畏，當知是人甚為希有。何以故？須菩提，如來說第一波羅蜜❺，即非第一波羅蜜，是名第一波羅蜜。」

註釋

❺ 第一波羅蜜：波羅蜜意為「到達彼岸」，而到達彼岸的方法共有六種——布施、持戒、忍辱、精進、禪定、般若，此六種方法稱為「六波羅蜜」或「六波羅蜜多」，也就是「六度」法門。第一波羅蜜便是指這六度法門中有助於成佛的第一個途徑。而此章所指的第一波羅蜜是佛陀以自己的成佛經歷為例，再由下文可以得知，佛陀的第一波羅蜜即為忍辱波羅蜜。

羅漢圖　美國大都會藝術博物館藏

當有人聽聞佛法而不驚駭、不恐怖、不畏懼，那此人必定得以成就世間第一且獨一無二的功德。

佛陀告訴須菩提：「就是如此！就是如此！假若後世又有人得以聽聞此經，卻不驚駭、不恐怖、不畏懼，便應當知道此人是極為獨一無二的。這是為什麼呢？須菩提，這就是我所說到達彼岸的第一個途徑，但這卻並非到達彼岸的第一絕對途徑，只是就我來說是第一波羅蜜罷了。」

原文

「須菩提，忍辱波羅蜜❻，如來說非忍辱波羅蜜，是名忍辱波羅蜜。何以故？須菩提，如我昔為歌利王❼割截身體，我於爾時無我相、無人相、無眾生相、無壽者相。何以故？我於往昔節節支解時，若有我相、人相、眾生相、壽者相，應生瞋恨。」

金剛經

註釋

❻ 忍辱波羅蜜：指六度法門中的忍辱法門。修行忍辱法門便可以得到端正的善果報，如《佛說罪福報應經》載有：「為人端正顏色潔白暉容第一，手體柔軟口氣香潔，人見姿容無不歡喜，視之無厭，從忍辱中來。」《優婆塞戒經》則提到：「善男子，若有智人樂修忍辱，是人常得顏色和悅，好樂喜戲，人見歡喜，睹之無厭。」

❼ 歌利王：古印度烏萇國國王，性情暴戾。

譯文

（佛陀言）「須菩提，忍辱波羅蜜，我認為那並非絕對的忍辱波羅蜜，只是名之為忍辱波羅蜜罷了。這是為什麼呢？須菩提，像是我從前曾經被歌利王砍斷身體，而那時的我心中並無我相、人相、眾生

相、壽者相，為什麼呢？須菩提，我在之前被支解身體時，如果有執著於我相、人相、眾生相、壽者相之心，那就應當產生忿恨之情。」

原文

「須菩提，又念過去，於五百世作忍辱仙人，於爾所世，無我相、無人相、無眾生相、無壽者相。是故，須菩提，菩薩應離一切相，發阿耨多羅三藐三菩提心，不應住色生心，不應住聲、香、味、觸、法生心，應生無所住心。」

譯文

（佛陀言）「須菩提，又想起了過去，我於五百世前作為忍辱仙人時，在那一世時就已經除卻我相、人相、眾生相、壽者相的執著。所以，須菩提，菩薩應當遠離一切相，發無上正等正覺之心，不執著於色、聲、香、味、觸、法六塵，應當存有無所執著之心。」

原文

「若心有住，即為非住。是故，佛說：『菩薩心不應住色布施。』須菩提，菩薩為利益一切眾生故，應如是布施。如來說：『一切諸相，即是非相。』又說：『一切眾生，即非眾生。』須菩提，如來是真語者、實語者、如語者、不誑語者、不異語者。」

譯文

（佛陀言）「一旦心有所執著，就無法常住自己的菩提心，所以我才會說：『菩薩的內心不應當執著於有形的布施。』須菩提，菩薩為了有利於一切眾生，應當如此無相布施。而我所說：『一切諸相，

就是空相。』再來說：『一切眾生，都不是眾生的本體。』須菩提，我一向是講真話的人、講實話的人、真實不虛的人、不欺瞞謊騙的人、不自相矛盾的人。」

原文

「須菩提，如來所得法，此法無實、無虛。須菩提，若菩薩心住於法而行布施，如人入闇，❼❽，則無所見；若菩薩心不住法而行布施，如人有目，日光明照，見種種色。須菩提，當來之世，若有善男子、善女人能於此經受持讀誦，則為如來。以佛智慧，悉知是人，悉見是人，皆得成就無量（カメ）、無邊功德。」

註釋

❼ 闇：陰暗、混濁。

◆ 青銅鎏金觀音菩薩立像　盛唐佚名 ◆

菩薩修行首當空其心，離一切相，才能發無上正等正覺之心。心中不執著於色塵，也不執著於聲塵、香塵、味塵、觸塵、法塵，心無所住，才能圓通無礙。菩薩不執著於有形的布施，發心廣大，不為己身，自然有利於一切眾生，應當謹守此等無相布施。而一切諸相的真實本質又是空的，所以說是非相。而一切眾生如果能夠照見自己的本性，妄心自然就會遠離，進入佛境。如此一來，一切眾生也就不是眾生了。

126

譯文

（佛陀言）「須菩提，我所得之法沒有實相，也沒有虛相。須菩提，如果菩薩內心執著於法而行布施，就好像人進入暗處一般，什麼都看不見。如果菩薩內心不執著於法而行布施，就好像人張開眼睛一般，看見日光照耀，可以看見種種色彩。須菩提，到了後世，如果有善男子、善女人能夠確實受持、讀誦此經，此人就能到達如來的境界了。以我所具有的智慧，當然可以知道這些人，當然也可以想見這些人，必定都能成就無量無邊的功德。」

賞析

此章換一個角度闡述不執著於表相與名相，才能體悟佛法真諦，透過須菩提和佛陀的對話，反復闡明唯有離開「相」才得以悟「空」，所以稱此章

金剛經

元世祖出獵圖　元代劉貫道

此圖繪元世祖出獵，其身穿白裘、騎乘黑馬。畫中近處人騎聚集，或張弓射雁；或手架獵鷹；或繩攜獵豹，皆作行獵之狀。佛陀從前身為忍辱仙人，就因遭遇歌利王出獵而被支解身體。不過，佛陀也因此成就忍辱波羅蜜。

為「離相寂滅分」。依自身真心、佛性修行，無所執著，便能達到佛之境界，否則就無法覺悟。另外，此章還提到持誦《金剛經》，即是達到成佛境界的捷徑。

　　須菩提聽佛陀說法，心中因深悟佛理，感動地流下淚來，不禁為佛陀讚嘆。他表示佛陀此次說法時所說的一切深奧之理，即使自己早已具備慧眼，能一聞千悟，也從未聽得。經過此次佛陀的說法，才終於從自性清淨之中，領悟出本有、全真的實相。假若以後有人聞得此經而發出篤信之心、純正清淨之心，內心毫無塵念，達到「心即是佛」的實在本相，也就可以知道此人是成就第一稀有功德的人了。而後，須菩提繼續說明實相並不是確切的有形事物，也不是絕對永恆的道理。事實上，實相空如太虛、沒有行跡，須菩提認為佛陀之所以舉出實相只是為了引導眾生離開執著、找回本心，所以佛陀所說的實相只是不得不假借的一個名稱而已，而修持、證悟的人當然不可執著於此實相。

　　須菩提認為自己已經能夠理解佛陀說法的妙理，依此法信奉修持應該不是難事。倘若佛陀圓寂之後五百年，茫茫眾生將再也無法親耳聽聞佛陀說法，卻仍有聽聞此經而能信解受持的人，就是極為稀有且難得的。因為此人能夠頓悟真空，其心中必定沒有我相、人相、眾生相、壽者相四相。由於他已經領悟我相、人相、眾生相、壽者相均為非實有的假相，而這些假相又都由內心執著而生，所以他能夠遠離這一切假相。如此一來，他的內心必定達到覺悟空寂的境地，且能夠與諸佛並駕齊驅，因此可以稱為達佛的境地了。

　　佛陀非常認可須菩提的講述，並且進一步解釋如果後世有人能夠聽到此般若妙法，內心卻不驚駭其言之過、不害怕其道之高、不畏懼其行之難，反而能夠波瀾不驚，那這樣的人就是非常稀有的。接下來，佛陀介紹了自己到達彼岸的第一個途徑，那就是以妙智慧破除煩惱而得解脫的方法，佛陀在此稱為「第一波羅蜜」。但眾生仍然不可執著於佛陀將要說明的第一個途徑，因為「第一波羅蜜」這個稱呼只是一

種名相而已。一切法相、名相都只是為了引導眾生修持，自性的本體仍舊是虛寂靈明的。那佛陀到達彼岸的第一個途徑究竟是什麼呢？那就是「忍辱波羅蜜」，凡辱之來，恬然處之，其心如同太虛，內不見其忍，外不見其辱，此即為「忍辱波羅蜜」。

　　佛陀也強調自己一向講真話、實話，做人真實不虛、不欺瞞謊騙、不自相矛盾。他對於一切萬事萬法都不執著於有，也不執著空。假若菩薩以執著於法相之心去布施，這就如同人進入黑暗裡，什麼事物都看不見，無法體悟真理；假若菩薩以不執著於法之心去布施，這就好像人張開眼睛，藉著日光可以看見種種色彩。若是佛陀去世後，有善男子或善女人能夠受持讀誦此經，並且身體力行，必能到達菩提的覺位，成就自性如來，那此人的功德將會是無量、無邊的。

第十五章

持經功德分

初中後分身布施，無量百千萬億劫
聞此經典信不逆，其福勝彼不思議

 原文

「須菩提，若有善男子、善女人初日分❶以恆河沙❷等身布施其；中日分復以恆河沙等身布施；後日分亦以恆河沙等身布施，如是無量\(^{ㄌㄜ}\)百千萬億劫以身布施。」

註釋

❶ 初日分、中四分、後日分：古印度稱早晨為初日分；中午為中日分；下午為後日分。

金
剛
經

―― 御製贊釋迦牟尼佛緙絲圖　清代佚名 ――

此圖中，釋迦牟尼佛兩腳交疊盤坐於瓔珞寶幢之下，天降花雨，上方以藍底金字緙織清高宗乾隆二十七年行楷御贊。本幅緙絲圖用絲細勻，緊密整齊，設色華麗，內容繁複，並於緙成之後以筆添色，襯托明暗對比。例如佛陀面容與軀體部分紅暈，以及下方蓮瓣尖端，皆為織完後再用畫筆加染而成，與五色彩雲之間梳狀織就的質感大異其趣。

❷ 恆河沙：指像恆河中的沙粒一樣多。佛教經典中常以恆河裡的砂石細碎且數量之多比喻數之極多，是一類數量用詞。其具體數量為多少，依不同時代和地區有不同的說法。恆河沙通常指十的五十二次方至十的五十六次方。後來，隨著佛教引入中國，恆河沙也為中國古數學所用。亦演進為成語「恆河沙數」，指數值大不可數。

譯文

（佛陀言）「須菩提，若是有善男子、善女人於一天的早晨以相當於恆河沙數的身體和生命進行布施；中午又以相當於恆河沙數的身體和生命進行布施；晚上也以相當於恆河沙數的身體和生命進行布施。照這樣子，經過百千萬億劫之久，每日都如此布施。」

原文

「若復有人聞此經典，信心不逆，其福勝彼，何況書寫、受持、讀誦、為人解說。須菩提，以要言之，是經有不可思議、不可稱量無邊功德。如來為發大乘❸者說，為發最上乘者說。」

註釋

❸ 大乘：梵文音譯為「摩訶衍那」、「摩訶衍」。大乘佛教認為大乘教法與小乘教法的區分，主要在於自利與利他的不同；能夠自利利他，圓滿成佛的教法為大乘；而只求自利，斷除自身煩惱的教法，則為小乘。《妙法蓮華經》將聲聞之道譬喻為「羊車」，將修菩薩道者稱為「大乘」，因其度眾生多，並以「牛車」喻之。而《大方等大集經》則提到：「其乘廣大，故名大乘。」表示大乘佛教是以普渡眾生成佛為目的。

（佛陀言）「如果又有人聽聞此經，能夠篤信且奉行不違逆，那麼其所得之福德自然勝過以身體和生命布施的人，更何況是能夠書寫、受持誦讀、為人解說此經的人。須菩提，簡而言之，此經擁有不可思議、不可計算、無邊無際的功德。佛陀為啟發自利利他、圓滿成佛之心者說法，也為啟發最高明圓滿之心者說法。」

🪷 原文

「若有人能受持、讀誦、廣為人說，如來悉知是人，悉見是人，皆得成就不可量、不可稱、無有邊、不可思議功德。如是人等，即為荷ㄏㄜˋ擔如來阿耨ㄋㄡˋ多羅三藐ㄇㄧㄠˋ三菩提。何以故？須菩提，若樂ㄧㄠˋ小法❹者著ㄓㄨㄛˊ我見、人見、眾生見、壽者見，則於此經不能聽受、讀誦、為人解說。」

註釋🌸

❹ 小法：指外道法，即「非佛法」。

———— 立佛像　美國大都會藝術博物館藏 ————

此佛像為韓國統一新羅時期文物。統一新羅是朝鮮半島的一個朝代。西元六六八年，新羅聯合唐朝滅亡百濟和高句麗，後又與唐朝展開為期七年的戰爭，最終新羅獲勝，統一朝鮮半島地區。統一新羅是一個佛教盛行的國家，西元七世紀中葉形成戒律宗、涅槃宗、法性宗、華嚴宗、法相宗五個教派，西元九世紀後期又出現禪宗九派。

譯文

（佛陀言）「假若有人能夠受持、讀誦佛之說法，並廣為人闡發其中經義妙旨。我當能知曉此人，並照見此人成就不可稱量、沒有邊際、不可思議的功德。此人便是可以成為肩負宣揚如來無上正等正覺的人。這是為什麼呢？須菩提，如果是喜好小乘法的人，由於他仍然執著於我、人、眾生、壽者等私見，所以對於此經便無法理解、讀誦，更不知該如何為人解說。」

原文

「須菩提，在在處處，若有此經，一切世間天、人、阿修羅所應供養。當知此處則為是塔，皆應恭敬，作禮圍繞，以諸華香❺而散其處。」

註釋

❺ 華香：「華」同「花」。華香即「花」和「香」。

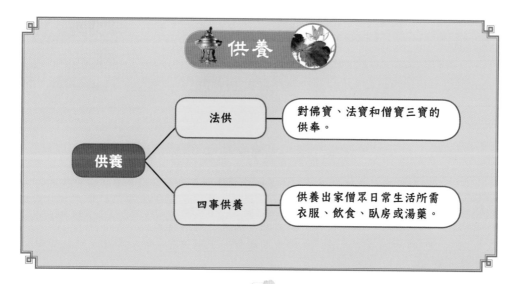

供養

供養 ── 法供 ── 對佛寶、法寶和僧寶三寶的供奉。

供養 ── 四事供養 ── 供養出家僧眾日常生活所需衣服、飲食、臥房或湯藥。

譯文

　　（佛陀言）「須菩提，無論在什麼地方，只要有此部經典，一切天人、人類、阿修羅都應當前來供養。應當知曉此經所在之處就等於佛塔所在，眾生都應該恭敬、作禮、圍繞，並以花、香散布其間。」

賞析

　　此章再次說明持誦《金剛經》便能成就無上功德，強調《金剛經》的無上經典地位，只要能接受《金剛經》並加以誦讀、宣講，這就是無量功德，所以此章稱為「持經功德分」。

　　開頭將一天三分，「初日分」指早晨；「中日分」指中午；「後日分」指晚上。假設有善男子或善女人，在一天的早晨、中午、晚上，一日三次反復獻身布施，如捐獻身體器官或以身行願，經過百千萬億劫之後，此人想當然能擁有無量的福德。但是，這些世間福卻很容易沾染煩惱之因。若有人在聽聞《金剛經》之後，能心無違逆，篤信奉行，這就是種了善根。善根既種，日見增長，這就是所謂的「出世間福」，而這等福德是比無量的世間福要還來得大的。更何況若有人能書寫、受持、

金剛鈴與金剛杵　西藏法器

　　此對鈴杵為西藏布達拉廟所供奉，是二世、三世及五世達賴喇嘛經常手執之物。金剛鈴和金剛杵是藏傳佛教常用的法器，鈴杵常常配合一起使用，代表方便的右手持金剛杵，代表智慧的左手持鈴，象徵悲智雙運。鈴內腔空，表萬法皆空，鈴聲則宣示空性，杵的兩端各有五股，象徵大圓鏡智、平等性智、妙觀察智、成所作智和法界體性智。

讀誦此經，並為他人解說其中義理，不但明自性，還要使人人見性，善根純熟，如此所得的福德更是無可比擬。

而此經要義正是在指點性靈、覺悟眾生之上，此等功德性大無比，不可以心思著想、以口語議論，更不可以輕重長短計算，所以無法求其邊際與限度。

佛陀為了啟發修習自利利他、圓滿成佛教法的大乘弟子，宣說此經的空諦之妙；為了啟發其中擁有高明圓滿之心的最上乘弟子，宣說此經般若之法。而擁有修習上乘法慧根之人，其內心必可信受奉持此大乘之法，並廣為人闡發經義妙旨。佛陀必定知曉此人，也能照見此人成就不可稱量、沒有邊際、不可思議的功德。此人既能成就如此功德，必定足以擔任宣揚如來無上正等正覺之士，有別於只求自利、斷除自身煩惱的小乘者。而小乘弟子尚執著於我相、人相、眾生相、壽者相等私見，以致於無法理解上乘之法，遑論聽受、讀誦，更不知如何為人解說此經。

接著，佛陀再指出只要有《金剛經》被宣說的地方，就等於是佛塔的所在，一切眾生都應當妥善供奉。那應該如何供養《金剛經》呢？首先要心存恭敬，心懷皈依的意念；再行頂禮，合掌，跪地，兩手伏地，以頭頂尊者之足；接著要圍繞經行，讚揚其功德；最後再取花朵或香末捧擲於空，表達敬意。這就是佛陀所說的供養《金剛經》之法。

第十六章

能淨業障分

先世罪業墮惡道，受持讀誦為人賤
只因此經皆消滅，功德果報不思議

原文

復次：「須菩提，善男子、善女人受持、讀誦此經，若為人輕賤，是人先世罪業，應墮惡道❶。以今世人輕賤故，先世罪業，則為消滅，當得阿耨_{ㄋㄡˋ}多羅三藐_{ㄇㄧㄠˇ}三菩提。」

註釋

❶ 惡道：指六道中的畜生道、餓鬼道、地獄道三惡道。三惡道為六道中環境與果報最惡劣之所，有情眾生若於前世造作惡業，便會墮入三惡道，承受種種苦痛；更有甚者會無法聽聞佛法，因而沒有機會發解脫惡業輪迴之智慧。

—— 橫琴高士圖　元代任仁發 ——

圖中老松古柏，盤生崖上。崖壁山石碧綠青翠，與樹下紅袍高士相互輝映。高士坐溪畔彈琴，怡然自得，清靜心空，只因其心無所執著。

金剛經

　　佛陀再進一步說明：「須菩提，如果有善男子或善女人能夠受持、讀誦此經，但卻被世人所輕賤。那是因為此人前世所造的種種罪業，且原本應當墮入惡道之中。但由於現在受到世人輕賤，所以其前世所造的種種罪業就可以消除了，並且可以證得無上正等正覺。」

原文

　　「須菩提，我念過去無量阿僧祇❷劫，於然燈佛前，得值八百四千萬億那由他❸諸佛，悉皆供養承事，無空過者。若復有人，於後末世，能受持讀誦此經，所得功德，於我所供養諸佛功德，百分不及一，千萬億分，乃至算數譬喻所不能及。」

註釋

❷ 阿僧祇：又譯為「無數」、「無央數」，意為「不可計數的」、「多到沒有數目可以計算」。但當阿僧祇加上其他單位量詞時，

元人佛像　台灣國立故宮博物院館藏

　　如果有人能夠聆聽佛陀所說之法，並且加以受持、讀誦、廣為人說，那其所得的功德就是多到無法計量的。

則可表示更廣的數量,如《妙法蓮華經》記載:「我成佛已來,復過於此百千萬億那由他阿僧祇劫。自從是來,我常在此娑婆世界說法教化。」

❸ 那由他:又譯為「那庾多」、「那由多」,意為「多到沒有數目可以計算」。《阿毗達磨俱舍論》曾記載:「如彼經言,有一無餘數始為一,十一為十,十十為百,十百為千,十千為萬,十萬為洛叉,十洛叉為度洛叉,十度洛叉為俱胝,十俱胝為末陀,十末陀為阿庾多,十阿庾多為大阿庾多,十大阿庾多為那庾多。」此處指千億之數。

譯文

　　(佛陀言)「須菩提,我想到從前無量數劫之中,也就是在未遇見然燈佛之前,我得以供養多達八百四千萬億、數量無窮多之佛,且

如來法會卷(局部)　元代劉貫道

劉貫道,字仲賢,元朝中山人,生卒年不詳。其所繪之道釋人物,宗法於晉唐,山水宗李成、郭熙,花竹鳥獸亦能集諸家之長。其畫筆法凝練,堅實有力,生動傳神,為當時畫壇高手。

八百四千萬億無一不全心全意地供養，沒有遺漏任何一尊佛。如果後世有人能夠信受奉持並讀誦此經，那他所得的功德，比我以前供佛的功德遠勝百千萬億倍，以至於用算數或譬喻都無法表達。」

原文

　　「須菩提，若善男子、善女人，於後末世，有受持、讀誦此經，所得功德，我若具❹說者，或有人聞，心即狂亂，狐疑不信。須菩提，當知是經義不可思議，果報❺亦不可思議。」

註釋

❹ 具：完全、具足

❺ 果報：因果報應，即由過去業因所招感的結果。又作異熟、果熟、報果、應報、異熟果。世人今世所受之境乃過去世所作業因之結果，故稱為「果」；世人不斷經歷生死輪迴，其累積業因亦不斷影響今世，故稱為「報」。果報分為二種：一、總報。如人之生存即由前生引

彩繪漆金夾紵阿彌陀佛像　唐代文物

　　唐代佛教興盛，當時的佛教造像亦表現唐代的藝術精華，就像此坐佛的型態飽滿挺拔，高度雖只有不到一百公分，卻氣勢雄渾。

業而來。二、別報。即人人個別之果報,又稱滿果。如同生而為人,但分有男、女、貧、富之分,此即為別報。

譯文

(佛陀言)「須菩提,若是善男子、善女人能在後世受持、讀誦此經,其所得的功德是不可限量的,如果要詳細說的話,恐怕有人聽聞之後,其內心便產生狂亂,以致質疑不相信。須菩提,應當知曉此經的經義確實是不可思議的,其所帶來的果報也是不可思議的。」

賞析

此章講述修持《金剛經》就能使前世所做的各種業障得到洗滌與消除,所以此章名為「能淨業障分」。佛陀以各種不可思議的比喻強調《金剛經》的偉大,並著重於其中佛法義理,告訴世人只要修持《金剛經》就能獲得覺悟,比其他供養佛的行為更加有效。

佛陀又再進一步說明若有人能受持、讀誦《金剛經》,卻沒有受到眾生尊重,還遭受世人輕賤,那必定是由於此人前世所種之罪業。

此處所謂的「罪業」,指身、口、意行惡,由此所造之業。「業」是由思想所驅使的行為,這些行為所成結果就是「業報」,或稱為「果報」。「業」又分為十善業與十惡業,分別是三身善業(不殺生、不偷盜、不邪淫)與三身惡業(殺生、偷盜、邪淫)、四口善業(不妄語、不兩舌、不惡口、不綺語)與四口惡業(妄語、兩舌、惡口、綺語)、三意善業(不貪欲、不瞋恚、正見)與三意惡業(貪欲、瞋恚、邪見),此章所指的「罪業」即包含三身惡業、四口惡業、三意惡業。

當人於前世造下罪業後,本來應該墮入三惡道,受盡罪業的果報,但假若其惡業還未成熟,那便暫時無法牽引此人到往三惡道接受苦報。如果此人前世又曾造過善業,便可先轉生為人。倘若此人恰巧得聞《金

剛經》，並發心受持、讀誦，那此善業便會種下無量善因，成就無量善果。如果此人持經所獲功德得以減輕其前世罪業，罪業與善果相抵消，因除果現，罪滅福生，重罪輕報，那此人就不會墮入三惡道受苦，只是會被世人所輕賤而已。透過以上例子，顯見受持並讀誦《金剛經》確實能夠產生不可思議的力量。世人若能藉著《金剛經》增長善業，將可以獲得自利利他的「有為之福」與「無為之福」。由於此等善果福報，此人必定能夠證得阿耨多羅三藐三菩提，而後成佛，究竟涅槃。

　　佛陀講到這裡，忽然想起自己從前還未與然燈佛相遇時所度過的無數歲月，他曾經供養過無數位佛，且對每一位佛都全心全意供養。而後世如果有人能夠持誦此經，照見自己的本性，永離生死輪迴，那麼此人持誦《金剛經》的功德其實更勝於佛陀往昔供養諸佛的功德。

　　佛陀接著將自己所得之功德與持誦此經者相比，以算數為喻：自己所得功德乘以一百倍，也不及持誦此經者功德的百分之一倍，乃至一千倍、一萬倍、一億倍。再來，佛陀又舉出如果善男子、善女人能夠受持、讀誦此經，必定能證得多如恆河沙數、說也說不盡的功德。佛陀又唯恐慧根淺的人，大則狂亂，小則狐疑，以為佛陀所說皆為怪談滑稽之談。因此，佛陀最後強調世人應當知曉此經經義與果報是相當深遠的，並且已經跳脫一般世俗的思索，是不可推測的。

第十七章

究竟無我分

善男子與善女人，當生如是菩提心
滅度一切眾生已，無一眾生實滅度

原文

爾時，須菩提白 $_{2}$ 佛言：「世尊，善男子、善女人發阿耨 $_{2}$ 多羅三藐 $_{\square}^{\square}$ 三菩提心，云何應住？云何降伏其心？」

譯文

那時，須菩提又向佛陀問道：「世尊，善男子、善女人發無上正等正覺之心後，應該如何安住此菩提心？又該如何降伏此心呢？」

《金剛經》墨跡（局部）　宋代蘇軾

蘇軾，為文學藝術史上的通才，於散文、詩、詞、賦各方面均有成就，且善書法和繪畫。其晚年被貶謫至海南儋州時，常抄寫《金剛經》安定心神，蘇軾曾言：「偶與慧上人夜話及此，因出紙筆求僕繕寫是經，凡閱月而成。非謫居海外，安能種此福田也。」

金
剛
經

🪷 原文

　　佛告須菩提：「善男子、善女人發阿耨_{ㄋㄡ}多羅三藐_{ㄇㄧㄠ}三菩提心者，當生如是心：『我應滅度❶一切眾生，滅度一切眾生已，而無有一眾生實滅度者。』何以故？須菩提，若菩薩有我相、人相、眾生相、壽者相，則非菩薩。所以者何？須菩提，實無有法發阿耨_{ㄋㄡ}多羅三藐_{ㄇㄧㄠ}三菩提心者。」

註釋

❶ 滅度：即「涅槃」的意譯，又作「滅」、「寂滅」。指滅煩惱、度苦海。

譯文

　　佛陀告訴須菩提：「當善男子、善女人發無上正等正覺之心時，就應當產生這樣的心念：『我應當滅度一切眾生，使他們滅苦並度脫一切執著，然而自己心中卻不能有一絲眾生是我所滅度的

────── 竹林五君圖　唐代閻立本 ──────

　　此圖繪竹林七賢之嵇康、阮籍、向秀、劉伶、阮咸五人。魏晉時期，國家四分五裂，社會動盪不安，文人為遠離政治紛爭，行徑開始變得放浪不羈，崇尚老莊玄學與精神自由。竹林七賢即為當時老莊玄學的代表人物，他們行事不拘禮法，清靜無為。不過，其無為之心仍是與清靜無為佛性有著根本上的不同。

念頭。」這是為什麼呢？須菩提，因為若菩薩心中尚存有對於人相、我相、眾生相、壽者相的執著，那就不能成為菩薩了。這又是為什麼呢？須菩提，因為事實上並沒有一定法可以發無上正等正覺之心。」

原文

「須菩提，於意云何？如來於然燈佛所，有法得阿耨多羅三藐三菩提不？」

「不也，世尊。如我解佛所說義，佛於然燈佛所，無有法得阿耨多羅三藐三菩提。」

然燈佛授記釋迦文圖　宋代佚名

　　佛陀某一世曾出生為善慧尊者。一日，然燈佛入城，眾人紛紛將身上的錦衣鋪於道上，對然燈佛表示禮敬。善慧尊者也脫下身上僅有的鹿皮鋪在地上，卻遭到眾人鄙視，將鹿皮棄擲一旁。

　　然燈佛見狀，便施展神通將平地化為稀泥，眾人紛紛迴避，只有善慧尊者將鹿皮鋪在地上，不讓然燈佛沾染泥濘。但鹿皮仍不足以掩蓋泥土，於是他便直接躺臥在地面，並將頭髮解開披覆在泥地上，讓然燈佛從他身上走過。善慧尊者的誠敬之舉，讓然燈佛預言他在九十一劫後必當成佛，此即著名的「然燈授記」。

譯文

（佛陀言）「須菩提，你覺得如何？我曾在然燈佛那裡得到成就無上正等正覺之法嗎？」

（須菩提言）「沒有的，世尊。根據我對於您所說的義理之瞭解，您在然燈佛那裡並沒有得到成就無上正等正覺之法。」

原文

佛言：「如是！如是！須菩提，實無有法如來得阿阿耨㷳多羅三藐㬹三菩提。須菩提，若有法如來得阿耨㷳多羅三藐㬹三菩提者，然燈佛即不與我授記❷：『汝於來世當得作佛，號釋迦㒼牟㲿尼。』以實無有法得阿耨㷳多羅三藐㬹三菩提。」

註釋

❷ 授記：本指分析教說，或以問答方式解說教理。後轉指弟子所證或死後之生處，現在則專指佛對發心向善的眾生授予將來必定成佛的預言與肯定。授記成佛的種類甚多，

───── 觀音大士像　元代佚名 ─────

觀音大士為已發阿耨多羅三藐三菩提心的大菩薩。《悲華經》敘述阿彌陀佛於過去生中曾為轉輪王無諍念，有一千個兒子，長子名為「不眴」。在不眴出家之後，即號「觀世音」；而在久遠的將來，阿彌陀佛涅槃後，觀世音菩薩將會成佛，號「普光功德山王如來」。

此處舉《大乘莊嚴經論》為例。《大乘莊嚴經論》指出兩種差別授記：一、人差別授記。就授記時間於發菩提心之前後而言，有未發心授記、已發心授記；就授記者是否顯現於受記者面前而言，有現前授記、不現前授記。二、時差別授記。係依至成佛期間之一定或不一定而言，可分為有數時授記、無數時授記。

譯文

佛陀說道：「是的！是的！須菩提，事實上並沒有一定法可以發無上正等正覺之心。須菩提，假若必須有一定法，我才能證得無上正等正覺，那麼然燈佛就不會為我授記道：『你來世必當成佛，並號為釋迦牟尼。』因為實則沒有一定法可以發無上正等正覺之心。」

原文

「是故然燈佛與我授記，作是言：『汝於來世當得作佛，號釋迦(ㄐ一ㄚˊ)牟(ㄇㄡˊ)尼。』何以故？如來者，即諸法如義。若有人言：『如來得阿耨(ㄋㄡˋ)多羅三藐(ㄇ一ㄠˋ)三菩提。』須菩提，實無有法，佛得阿耨(ㄋㄡˋ)多羅三藐(ㄇ一ㄠˋ)三菩提。

————— 釋迦牟尼佛唐卡　中國故宮博物院館藏 —————

此唐卡描繪釋迦牟尼佛現成道相，面相慈和，螺髮高髻，身著袒右田相袈裟，右手垂置於右膝處結觸地印，亦稱降魔印，左手置於腹前平托缽盂，結跏趺坐於蓮花寶座上，下承須彌獅子座，座前設案，盛放各種供養，身後背光華美端莊。此唐卡繪製精細，構圖及人物造型略帶尼泊爾畫派之遺韻，雲間的供養天眾則漢風濃郁，法座前的聲聞弟子身材修長，面容清秀，身著通肩袈裟，衣紋流暢。

須菩提，如來所得阿耨ᵗᵘᵒ多羅三藐ⁿⁱᵃᵒ三菩提，於是中無實無虛。是故如來說：『一切法，皆是佛法。』」

譯文

（佛陀言）「所以然燈佛才會為我授記，並說出這段話：『你來世必當成佛，並號為釋迦牟尼。』為什麼呢？「如來」這兩個字的涵義是如其本來的究竟清淨。假若有人說：『佛陀是得到無上正等正覺之法才能成佛的。』須菩提，其實並沒有能使我得到無上正等正覺的定法。須菩提，我能證悟無上正等正覺，是由於心中不執著於有，也不執著於無。所以我才說：『一切法，都可稱之為佛法。』」

原文

「須菩提，所言一切法者，即非一切法，是故名一切法。須菩提，譬如人身長ᵗˢʰᵃᵒ大❸。」

須菩提言：「世尊，如來說人身長ᵗˢʰᵃᵒ大，即為非大身，是名大身。」

◆ 楞嚴廿五圓通佛像　明代吳彬 ◆

吳彬，擅長畫山水、花鳥、佛教人物。此圖繪觀音菩薩頭披白巾，身穿白袍，面對河流盤坐，身後竹林茂密。全圖顏色清潤秀雅，人物形體修長，衣紋線條流暢如行雲流水一般，又似水波一樣起伏，為這幅畫增添不少趣味。

註釋

❸ 人身長大：指一個人十分高大。

譯文

　　（佛陀言）「須菩提，我所說的這一切法，並非絕對實有的一切法，只是稱之為『一切法』罷了。須菩提，這就像是有一個人長得很高，其身體很巨大一樣。」

　　須菩提說道：「世尊，您所說的有一個人長得很高，其身體很巨大，意思是這些也只是身體的空相、名為『大身』的名相罷了。」

原文

　　「須菩提，菩薩亦如是，若作是言：『我當滅度無量ㄌㄧㄤ眾生。』則不名菩薩。何以故？須菩提，實無有法，名為菩薩。是故佛說：『一切法無我、無人、無眾生、無壽者。』須菩提，若菩薩作是言：『我當莊嚴佛土。』是不名菩薩。

—— 滿繡釋迦牟尼佛唐卡　美國大都會藝術博物館藏 ——

　　此唐卡為一幅精美的刺繡掛件。中央為坐在獅子托著的蓮花寶座上的巨大佛陀，佛陀右手結觸地印，左手結禪定印。佛陀前方則為兩位佛陀的大弟子——阿難尊者與迦葉尊者。位於中央最高位置的是宗喀巴，他是藏傳佛教格魯派創始子、藏傳佛教一代祖師，被藏族認為是文殊菩薩的化身。

148

何以故？如來說莊嚴佛土者，即非莊嚴，是名莊嚴。須菩提，若菩薩通達無我法者，如來說名真是菩薩。」

譯文

（佛陀言）「須菩提，菩薩也是如此，若是有這樣的念頭：『我應當滅度無量眾生。』那就不能稱之為菩薩了。這是為什麼呢？須菩提，能明瞭事實上並沒有一定的成佛之法，這才能稱之為菩薩。所以我才會說：『一切法是沒有我相、人相、眾生相、壽者相的。』須菩提，若是菩薩又心生以下念頭：『我應當整飾莊嚴佛土。』如此也不能稱之為菩薩。為什麼呢？我所說的莊嚴佛土其實並非莊嚴本身，只是稱之為莊嚴罷了。須菩提，若菩薩能徹悟我與一切法的執著，如此才能稱得上真正的菩薩。」

千手千眼觀世音菩薩圖　宋代佚名

此圖繪千手千眼觀世音菩薩，其法相莊嚴，端立於七寶蓮台上。兩側的脅侍菩薩，或合十禮拜，或手持法器隨侍在側。人物的輪廓和衣紋線條皆以中鋒之筆繪成，用筆流暢且靈動，瓔珞裝飾和七寶蓮台上鑲嵌的珠寶，用色妍麗卻不俗艷，實為南宋佛畫的佳作。

此章闡明世人勿執著於名相，唯有徹底明白「無我」的涵義，才算是真正懂得佛法大義，是以此章名為「究竟無我分」。

　　在此章節中，須菩提先向佛陀提問，已發無上正等正覺之心的男女應該如何安住其心？以及如何降伏其妄心呢？佛陀說，善男女若想成就無上正等正覺，他們就應該自然散發如此心念——滅除、度脫一切眾生的執著，使他們回歸到清靜的佛性。當滅除、度脫一切眾生的執著時，內心也不能有任何「眾生是我滅度」的念頭。這是因為一切眾生的無上正等正覺菩提心本來就是人人具足，唯眾生會受塵俗所蒙蔽。所謂的「滅度」也必須是眾生自悟以後，才能自度，所以善男女應當明白實無一眾生是自己所滅度的道理，外不見所度之眾生（即「眾生相」），內不見能度眾生的我（即「我相」）。

　　假若菩薩執著於自己要具備滅度眾生之心，其心中就仍然存有人相、我相、眾生相、壽者相的執著，如此就不能稱之為菩薩了。因為自性本是空寂，成就無上正等正覺的修行者並不會執著於發菩提心的方法。像是佛陀之所以成佛，就並非是在然燈佛那裡求得無上正等正覺的成佛之法後才成佛的。求得無上正等正覺而成佛只能靠著自性自悟，並沒有任何外在途徑可以達成。成就無上正等正覺的關鍵就在於心悟，不可以執著於外在法。因此，如果心中存有「必須得一法才能證得無上正等正覺」的念頭，那就代表自己的內心尚存有對法相的執著。

　　就如佛陀之所以成佛，那也只是因為其內心已經達到究竟清淨，所以然燈佛才會授記佛陀，並宣說其來世必定成佛，並號為「釋迦牟尼」。而「如來」這兩個字的涵義即「如其本來的究竟清淨」，因此修行之人的內心若能達到如其本來的究竟清淨，也就得以成佛了。所以，如果有人說：「佛陀是得到無上正等正覺之法才成佛的。」那就

錯了。因為佛陀對於成佛之法是無所執著的，一切佛法皆是為方便眾生理解所宣說的。實際上，佛陀能證悟無上正等正覺是因為他不執著於有，也不執著於無。因此，佛陀所說的一切法，只要能自悟真如本心，都可以稱之為佛法。但是，世人應該明白這一切法只是一個假名而已，是佛陀為了讓未開悟者理解而宣說的。一旦世人開悟，達到究竟清淨之境，就不需要這一切法的名相了。佛陀接著舉出一個例子說明，他說如果有一個人很高，而且身體十分巨大，這就是大身嗎？須菩提指出佛陀所說的大身終究是有生、有滅、有限量的，所以大身也只是個空相、名相而已。

接著，佛陀再補充菩薩也同是如此，內心達到真如清淨才能成為菩薩。而度化眾生本就是菩薩份內之事，如果菩薩心生「自己應當滅度一切眾生」的念頭，便是心存「我相」的執著，這就不能稱之為菩薩。因為唯有內心清靜之人，除去對法的執著，才能稱為菩薩。所以世人習佛應當不執著於人相、我相、眾生相、壽者相四相，真性中無眾生，無所謂菩薩，更無所謂滅度。如果又有菩薩執著於「自己應當整飾莊嚴佛土」的念頭，則是執著於「形相」，也無法稱之為菩薩，因為莊嚴佛土也只是一個名相而已。若世人皆能徹悟人空、法空，且沒有自身的執著，也沒有度化眾生與莊嚴佛土的執著，這樣便能稱得上真正的菩薩。

第十八章

一體同觀分

衆生萬心佛悉知，諸心非心名爲心
過去現在未來心，應無所住無可得

原文

「須菩提，於意云何？如來有肉眼❶不ㄈ？」
「如是，世尊。如來有肉眼。」
「須菩提，於意云何？如來有天眼❷不ㄈ？」
「如是，世尊。如來有天眼。」

金
剛
經

註釋

❶ 肉眼：世人肉身上的眼睛。
《阿毘達磨集異門足論》記
載：「肉眼云何？答：雜骨、
肉、血，淨四大種所造，眼
界、眼處、眼根，是名肉眼。」
《舍利弗阿毘曇論》記載：「云
何肉眼？若眼我分攝四大所
造淨，是名肉眼……肉眼除
天眼我分攝，若餘眼四大所
造淨，是名肉眼。」

青銅鎏金釋迦牟尼佛坐像　台灣國立故宮博物院館藏

　　西元七世紀，西藏開始接觸佛教，西元八世紀，西藏各派皆先顯後密，以密部
為最高階段，晚期又由於無上瑜伽坦特羅部經典大量翻譯，使西藏建立了最完整、
最忠於梵文原典的金剛乘體系。

❷ 天眼：色界天人的眼睛，世人能夠透過禪定、念佛而得。天眼可以看見萬物，不受前後、內外、晝夜、上下的限制。但是天眼看到的都只是因緣和合而成的假相，無法徹見真正的佛法實相。《阿毘達磨大毘婆沙論》記載：「問：『天眼以何為自性？』答：『非諸筋、骨、血、肉所成。色界大種，所造淨色，能無礙視，體不可見，眼界、眼處、眼根所攝，是謂天眼。』」《阿毘達磨集異門足論》記載：「天眼云何？答：不雜骨、肉、血，極淨四大種所造，眼界、眼處、眼根，是名天眼。」《舍利弗阿毘曇論》記載：「云何天眼？若天眼我分攝，是名天眼……若天眼我分攝，及修天眼，是名天眼。」

譯文

（佛陀言）「須菩提，你覺得如何？我具有肉眼嗎？」

（須菩提言）「是的，世尊。您具有肉眼。」

（佛陀言）「須菩提，你覺得如何？我具有天眼嗎？」

（須菩提言）「是的，世尊。您具有天眼。」

佛陀唐卡　清代文物

此唐卡中，佛陀右手結說法印，左手托缽，結跏趺坐於蓮座之上。侍立於佛陀左右的是弟子目犍連與舍利子；執事者為弟子阿難；頂上生肉髻者弟子羅睺羅；畫面左下方為佛陀父親淨飯王，右下方為佛陀母親摩耶夫人。

金剛經

「須菩提，於意云何？如來有慧眼❸不ㄈ？」

「如是，世尊。如來有慧眼。」

「須菩提，於意云何？如來有法眼❹不ㄈ？」

「如是，世尊。如來有法眼。」

「須菩提，於意云何？如來有佛眼❺不ㄈ？」

「如是，世尊。如來有佛眼。」

註釋

❸ 慧眼：具備慧眼可以看見實相、瞭解真空無相的道理。《阿毘達磨集異門足論》記載：「聖慧眼云何？答：諸有學慧，及無學慧，並一切善、非學、非無學慧，是名聖慧眼。」《舍利弗阿毘曇論》記載：「云何慧眼？三慧——思慧、聞慧、修慧，是名慧眼……除修天眼，若餘三慧——思慧、聞慧、修慧，是名慧眼。」

❹ 法眼：具備法眼得以知曉一切眾生的根機，使眾生證道。《雜阿含經》記載：「如是，

元人說經圖（局部）　台灣國立故宮博物院館藏

若眾生能聽佛說法，不執著於過去、現在與未來，並捨棄人生中的各種執著，便可以求得自身的清淨佛性。

金
剛
經

聖弟子所有集法，一切滅已，離諸塵垢，得法眼生，與無間等，俱三結斷。所謂身見、戒取、疑，此三結盡，名須陀洹，不墮惡趣法，必定正覺，趣七有天人往生，作苦邊。彼聖弟子中間雖起憂苦，聽彼聖弟子離欲、惡、不善法，有覺有觀，離生喜樂，初禪具足住。不見彼聖弟子有一法不斷，能令還生此世者，此則聖弟子得法眼之大義。是故，比丘於此四聖諦未無間等者，當勤方便，起增上欲，精進修學。」

❺ 佛眼：佛陀具備前四眼，即稱之為「佛眼」，具備佛眼則無事不知。《大智度論》記載：「法眼不能遍知度眾生方便道，以是故求佛眼。

———— 四仙拱壽圖　明代商喜 ————

　　此圖為祝壽吉祥畫，結合李鐵拐、劉海蟾、寒山、拾得四位佛道人物於同一畫面，逐波乘浪。四人目光都聚焦於畫面中央駕鶴淩空的壽星——南極仙翁。全圖筆墨細謹，人物表情詼諧生動，彷彿相互對語；袖擺衣角隨風翻飛，運筆線條頓折有力；洶湧波濤則以戰筆勾描，氣勢更顯壯闊，頗具明代宮廷裝飾趣味，同時透露出宮廷藝術品味轉趨世俗化的傾向。

佛眼無事不知，覆障雖密無不見知。於餘人極遠；於佛近。於餘幽闇；於佛顯明。於餘為疑；於佛決定。於餘微細；於佛為粗。於餘甚深；於佛甚淺。是佛眼，無事不聞、無事不見、無事不知、無事為難。無所思惟，一切法中，佛眼常照。」

譯文

（佛陀言）「須菩提，你覺得如何？我具有慧眼嗎？」

（須菩提言）「是的，世尊。您具有慧眼。」

（佛陀言）「須菩提，你覺得如何？我具有法眼嗎？」

（須菩提言）「是的，世尊。您具有法眼。」

（佛陀言）「須菩提，你覺得如何？我具有佛眼嗎？」

（須菩提言）「是的，世尊。您具有佛眼。」

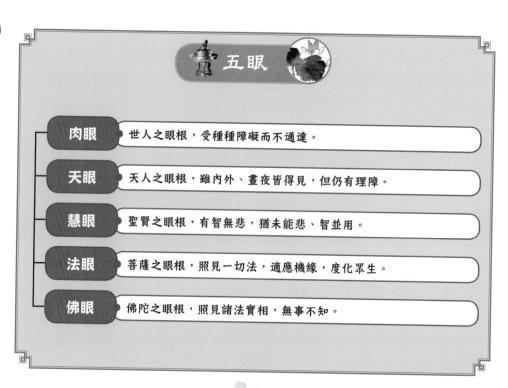

五眼

肉眼	世人之眼根，受種種障礙而不通達。
天眼	天人之眼根，雖內外、晝夜皆得見，但仍有理障。
慧眼	聖賢之眼根，有智無悲，猶未能悲、智並用。
法眼	菩薩之眼根，照見一切法，適應機緣，度化眾生。
佛眼	佛陀之眼根，照見諸法實相，無事不知。

原文

「須菩提，於意云何？如恆河中所有沙，佛說是沙不？」

「如是，世尊。如來說是沙。」

「須菩提，於意云何？如一恆河中所有沙，有如是沙等恆河，是諸恆河所有沙數佛世界，如是寧為多不？」

「甚多，世尊。」

佛告須菩提：「爾所國土中，所有眾生，若干種心，如來悉知。何以故？如來說諸心，皆為非心，是名為心。所以者何？須菩提，過去心不可得，現在心不可得，未來心不可得。」

譯文

（佛陀言）「須菩提，你覺得如何？例如恆河中所有的沙子，我說它是沙子嗎？」

（須菩提言）「是的，世尊。您說它是沙子。」

（佛陀言）「須菩提，你覺得如何？又如一條恆河之中所有的沙

明太祖半身像　台灣國立故宮博物院館藏

明太祖朱元璋曾於十七歲時，入皇覺寺為僧，後雲游四方，對佛家的慈悲度世與忍辱苦行有深切的體會。明太祖即位後，將儒、釋、道三教並舉，設立善世院，加強朝廷對佛教事務的管理，並整頓僧團秩序，重視佛教經典的整理、流通與講習，對佛教制度多有建樹。

157

粒，以一粒沙比喻為一條恆河，再將所有恆河中的所有沙粒沙比喻為佛世界，如此恆河沙粒之多的佛世界難道不多嗎？」

（須菩提言）「非常多，世尊。」

佛陀告訴須菩提：「你所處的世界中，所有眾生的各種心思，我都能全部瞭解。這是為什麼呢？我所說的這些心思皆是妄心，卻假借心思之名。這又是為什麼呢？須菩提，我們不可滯留於過去的心，也不可執著於現在的心，也不可預期未來的心。」

賞析

此章把握「空」、「無」的宗旨，告誡世人應超越萬相，連一切心念都是「空」、「無」的，世人不應有所執著，所以此章便名為「一體同觀分」。

此章以佛陀與須菩提間的五次問答，得出佛陀同時具備肉眼、天眼、慧眼、法眼、佛眼，這稱為「五眼圓明」。禪宗先驅人物傅大士所著的《頌金剛經》記有一偈頌，云：「天眼通非礙，肉眼礙非通；法眼唯觀俗，慧眼直緣空；佛眼如千日，照異體還同。圓明法界內，無處不含容。」

透過此偈頌可以知曉，具備天眼能夠上觀諸天人一切的活動，歷歷如在眼前；下觀一切眾生的種種活動，細微末節都一目了然。就連地內十尺所埋藏的一切寶藏也都看得清楚明白，但擁有天眼者絕不能起貪念，將一切寶隨意取為己有。因為如果一起貪心，那天眼就永不復明。而肉眼只能看到眼前有形、有相的事物，處處是障礙，肉眼便因為一切障礙而不通明。法眼則能看到一切世俗之諦。慧眼能瞭解真空的道理，即所謂「真空不空，妙有非有」的真諦。佛眼則有如一千顆太陽那般光明，遍照十方法界，對於一切都能瞭如指掌。

接下來，佛陀將恆河裡面的每一粒沙比喻為一條恆河，再以所有

恆河中的每一粒沙比喻為一個佛世界。所以，佛世界是非常多的。佛陀以須菩提所處的世界說明，此間所有眾生的心思皆隨情而遷、逐境而生，佛陀卻能以清淨的五眼完全知曉此間眾生的種種心思，都是顛倒妄想。因為這些心思皆由眾生的妄心而生，並非本性常住的真心，只是被冠以「心」之名而已。雖然眾生的心思會隨著時空與環境而變化，但常住的真心卻永遠是寂然不動的，所以對於過去不會產生滯留的想法；對於現在不會產生執著的想法；對於未來也不會產生預期的想法。

　　因此，世人若肯深入瞭解、反觀自身、內照自心，就能夠明白過去、現在、未來所生的心思總是不可得的。當世人明瞭「三心不可得」之理，清淨的般若智慧便會顯出，這就是所謂的「人心淨而道心生」。此「三心不可得」之理也可以清代高僧溥畹於《金剛般若波羅蜜經心印疏》所記之偈頌解釋：「三際求心，心不有；心不有處，妄緣無；妄緣無處，即菩提；生死涅槃，本平等。」

第十九章

法界通化分

三千大千世界寶，以用布施福多不
以是因緣得福多，福德有實不爲多

原文

「須菩提，於意云何？若有人滿三千大千世界七寶以用布施，是人以是因緣❶，得福多不ㄷㄡ？」

「如是，世尊。此人以是因緣，得福甚多。」

「須菩提，若福德有實，如來不說得福德多；以福德無故，如來說得福德多。」

註釋

❶ 因緣：一切事與物皆依賴各種條件而產生，直接的主要條件稱為「因」，間接的次要條件則稱作「緣」。因緣就是連結各種原因與緣由，當「因」與「緣」互相配合，便能成就現象界一切法。

阿彌陀佛立像　明代文物

明代佛、道、釋三教合流，淨土宗和禪宗頗為流行。此阿彌陀佛像站姿直而對稱，衣褶簡練且概念化，表現出明代造像的典型風格。

　　（佛陀言）「須菩提，你覺得如何？如果有人用充滿三千大千世界的七寶行布施，因為這樣所播的因緣而得來的福德多嗎？」

　　（須菩提言）「是的，世尊。此人以如此因緣所得來的福德是非常多的。」

　　（佛陀言）「須菩提，如果此人執著於福德是實有的，我就不會說其所得的福德是多的；如果其不執著於福德是實有的，我才會說其所得福德是多的。」

畫羅漢圖　明代戴進

　　此圖繪一羅漢持杖靜坐，並伸出左手撫摸一虎，另有一侍童側身於門後窺視，面露驚懼之色，但羅漢則泰然自若。戴進出生於杭州，附近佛寺林立，所以他繼承了自唐宋以來描繪道釋人物畫的傳統。其筆下的人物，有「工細」和「粗筆」兩種風格，此幅畫屬於「粗筆」一類，人物的衣紋線條簡潔、筆法粗率。而戴進筆下的羅漢，像是一位飽經世故、隱居山林的高僧或隱士，與一般羅漢多半以粗眉大眼、豐頰高鼻的外國胡人相貌大不相同。

此章關鍵在於「以福德無故，如來說得福德多」一段，從此段可知「無」才是一切根本，同時呼應「萬法皆空」的宗旨。而此章名為「法界通化分」，指通遍一切法界的真理。法界，指所有外界的表現，又稱「實相」、「法性」，「實相」是從事實的角度而言；「法性」是從義理的角度而言。法，意為「各類萬象」；界，意為「分界」；通化，則指一切皆是幻化而成的。

此章中，以充滿三千大千世界的七寶行布施之人，其實就是第四章所提及之「無住行施」菩薩。而此章經文只較第十一章多出「以是因緣」一句，那到底何謂「以

金剛經

阿羅漢圖　宋代劉松年

阿羅漢為修習佛陀解脫者，阿羅漢觀行一切有為法的生滅、空、無常、苦、無我，進而斷盡我見、我執、三界貪愛，以及世間所有煩惱。並且於當世逝世之時，不再於三界中出生，脫離生死輪迴之苦，進入無餘涅槃界。

劉松年為宋代知名畫家，擅畫人物、山水，曾受宋寧宗賜金帶，其畫作時稱絕品。此圖所畫之阿羅漢濃眉高鼻，身著右袒式袈裟，倚樹沈思。身側隨侍的僧人以衣袂盛接樹上長臂猿所摘之石榴，身前尚有二鹿仰觀，畫面生動活潑。

是因緣」呢？想要徹底瞭解此章涵義就必須承接上一章來看，「因」即為「三心不可得」之「心」；「緣」則為「滿三千大千世界七寶，以用布施」。若有人明白「三心不可得」，並以此無所執著之心行布施，就能成「實相布施」的福德。接下來，此章更進一步探討「因緣」與「福德」的關係，「因緣」是佛教的根本理論之一，凡一切事物的構成必定有其形成的因緣，本身的因素稱為「因」，其他的要素稱為「緣」。所以就世俗萬事、萬物來說，一切有情世間、器世間的萬事、萬物皆離不開因緣法則。而因緣會產生果報，福德就屬於果報的一種，眾生必須先種下布施的因緣或善行的因緣，才能感得福德果報。因此，如果以實相因緣行布施，也就是心中有福德的執著才行布施，如此所得來的福德也會由於當初所種的因緣有限，最後，所得的福德也會有竭盡的時候。

畫應真像（局部）　明代丁雲鵬

應真，羅漢的意譯，意謂得真道的人。十六羅漢為丁雲鵬非常喜愛的道釋畫題材，在他六十七歲的時候，在蘇州虎丘僧寮畫了四軸羅漢，每軸均畫四尊，此軸即是其中之一。此畫中的四尊羅漢，一在嚴窟中閉目禪定，一專心誦經，另一手持念珠，尚有一尊持塵開示。畫中人物頭大身短，面部表情誇張。衣紋線條轉折方硬，山石、樹幹皆以濃墨繪成，用筆沉著蒼勁，別具一番拙趣。

就如同佛陀於此章中所做的解釋，如果有人執著於福德是實有的，並以此執著於福德之心行布施。那麼他所得的福報便會由於其因緣有限，終究會到達盡頭。因此，佛陀才會說這樣的人所得的福德並不多。不過，如果有人布施的時候，心能夠無所執著，對於過去不會起滯留的心；對於現在不會起執著的心；對於未來也不會起預期的心，也就是以無住實相布施，以無求福之心布施。如此一來，此人便能成就無為、清淨之功德。此種福德是無量、無盡的，所以佛陀才會說其福德是很多的。

《金剛經》墨跡（局部）　　元代趙孟頫

趙孟頫，元代著名書法家，能詩善文，工書法，精繪畫。書法方面，以楷體、行書著稱於世，獨創「趙體」，與歐陽詢、顏真卿、柳公權並稱為「楷書四大家」。

第二十章

離色離相分

具足色身見佛不，如來不以色身見
具足諸相見如來？亦非具足得以見

🪷 原文

「須菩提，於意云何？佛可以具足色身❶見不ㄈ？」
「不也，世尊。如來不應以具足色身見，何以故？如來說具足色身，即非具足色身，是名具足色身。」

🪷 註釋

❶ 具足色身：此處指佛陀的報身，又稱為「受用身」，為佛陀經過修行後獲致佛果的圓滿身相。

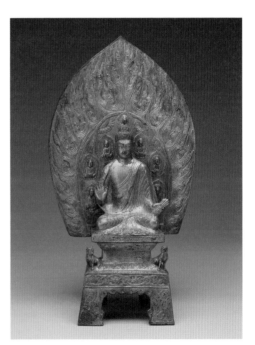

金 剛 經

釋迦年尼佛坐像（正面）　北魏佚名

　　此坐像為佛陀兩腳交疊盤坐於雙層台座之上，右手作無畏印，左手握衣角，身著袒右肩式覆肩衣，外披大衣，雙肩衣紋如火焰般外揚，面部神情莊嚴，氣勢雄偉。坐像後鑄有背板，背板正面為背光內圈的四佛、頭光中的三佛，與坐像形成七佛，背光外圈火焰紋熊熊圍繞，和佛陀氣勢相映，益增雄渾氣勢。

譯文

（佛陀言）「須菩提，你覺得如何？佛性是可以用圓滿的色身觀察到的嗎？」

（須菩提言）「不可以的，世尊。您的如來佛性是不可以用圓滿的色身觀察到的。這是為什麼呢？因為您所說的圓滿色身，並不是永恆的圓滿色身，只是圓滿色身的一個名稱罷了。」

原文

「須菩提，於意云何？如來可以具足諸相❷見不ㄈ？」

「不也，世尊。如來不應以具足諸相見。何以故？如來說諸相具足，即非具足，是名諸相具足。」

註釋

❷ 具足諸相：指佛陀的報身之相。

金漆夾紵觀音立像　台灣國立故宮博物院館藏

此觀音作立姿，右腳略前移，身體微彎，身披外衣，衣襬飛揚，姿態動感，雙足踩在海浪上的蓮之上，身軀輕盈靈動，似踏浪而來。手在胸前，一上一下，猶如說法印，臉微下視，神情莊嚴恬靜，彷彿觀照著芸芸眾生。此像表面金漆色澤亮麗，造型亮麗，莊嚴慈祥，是福州脫胎漆器工藝的代表之一。

（佛陀言）「須菩提，那你覺得如何？佛性是可以用圓滿色身的各種色相觀察到的嗎？

（須菩提言）「不可以的，世尊。您的如來佛性是不可以用各種圓滿色相觀察到的。這是為什麼呢？因為您所說的種種圓滿色相，並不是永恆的圓滿色相，只是圓滿色相的一個名稱罷了。」

賞析

此章表明世人應當打破對於色身與諸相的執著，不應盲目崇拜任何佛相、佛法，才能領悟成佛的真正義理。是以，此章便定名為「離色離相分」。

若想要瞭解此章內涵，就必須先認識佛陀所具備的「三身」。三身，為佛陀所具有的三種身相，包含應身、報身與法身。應身，又稱為「變化身」，

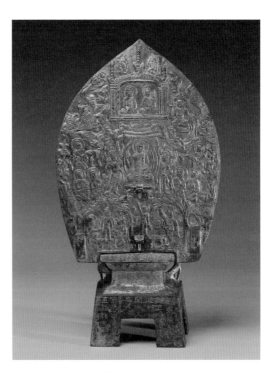

釋迦牟尼佛坐像（背面）　北魏佚名

此坐像反面的背板布局錯落有序，雕刻精巧，共分三層：上層中央一塔，釋迦牟尼佛和多寶佛並坐其間，塔外左右兩側文殊持如意與手握塵尾的維摩相對而談，表現《維摩詰經‧文殊問疾品》的場面。中層中央為釋迦牟尼佛在鹿野苑初轉法輪，兩側各有比丘跪坐、菩薩脅侍。下層中央為釋迦牟尼佛誕生時，一手指天，一手指地。左側是摩耶夫人攀樹而立，釋迦牟尼佛自其右脅出生。右側是龍王浴佛，帝釋天和梵天跪坐兩旁。

這是佛陀為了度化眾生、為眾生說法，因而臨時變化的身相，即世人常見的佛陀肉身。報身，又稱為「受用身」，這是佛陀經過修行證得佛果的圓滿身相，象徵佛陀已經證得絕對真理，並代表其佛智，此身具備三十二相、八十種好。法身，又稱為「自性身」，這是佛陀成就佛果後所證得的清淨法界、諸法實相、法性真如，象徵佛陀已求得絕對、超越之真理。佛典曾記載佛陀在成佛後，就進入了無餘涅槃界。在佛陀入滅後，其肉身消失，但他所領悟的佛法真理並沒有隨之消滅。而佛法真理的存在也就代表了佛陀的存在，這就是佛陀的法身。

　　在《金剛經》第五章中，「可以身相見如來不」的「身相」即為佛陀的「應身」；此經的第十三章中，「可以三十二相見如來不」的「三十二相」也同是佛陀的「應身」；本章節中，「佛可以具足色身見不」的「具足色身」為佛陀的「報身」，「如來」則是佛陀的「法身」。雖然具足色身是佛陀的圓滿報身總相，但仍然只是個短暫的虛相，所

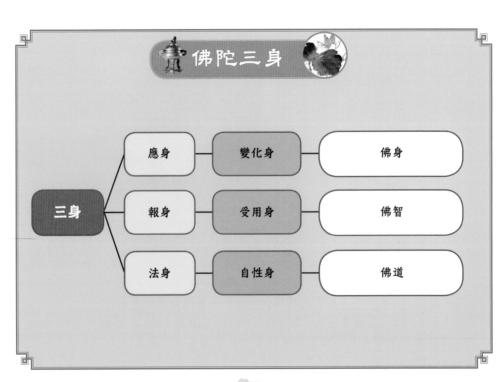

以佛陀曾說道：「凡所有相，皆是虛妄。」因此，世人又如何能夠藉著佛陀的圓滿報身相見到法性真如的無相法身呢？

　　接著解釋「諸相」一詞。相對於《金剛經》第十三章中的「三十二相」，指佛陀的應身之相，此章的「具足諸相」則指佛陀的報身之相。佛陀經過修行後，終於證得佛果，身有無量圓滿之相，此相有無量好，此好有無量莊嚴，所以稱為「具足諸相」。但是，世人能夠以具足諸相的報身別相見到法性真如的無相法身嗎？這當然是不行的，因為凡所有相，皆是虛妄。而此章節便是告誡眾生不可執著於一切總相與別相，因為一旦執著於相，就無法見到佛陀的如來法身了。

緙絲博古花卉集錦　清代佚名

　　以鮮花與香燭供奉佛與菩薩，可以一表其虔誠禮敬之心。《摩訶般若波羅蜜經》記載：「善男子、善女人受持般若波羅蜜，乃至正憶念；華香供養，乃至幡蓋，亦得是今世功德。」

第二十一章

非說所說分

人言如來有說法，實為謗佛不解故
無法可說名說法，聞說是法生信心

原文

「須菩提，汝勿謂如來作是念：『我當有所說法。』莫作是念。何以故？若人言：『如來有所說法。』即為謗佛❶，不能解我所說故。須菩提，說法者，無法可說，是名說法。」

註釋

❶ 謗佛：指詆毀佛陀，妨害佛陀弘教。謗：以不實的言論毀壞他人名譽。

—— 五百羅漢圖卷（局部）　明代吳彬 ——

吳彬，明代著名山水畫家，常畫羅漢，如《五百羅漢圖》。吳彬為何常畫羅漢呢？根據明代顧起元所言，吳彬曾受一位比丘所託，希望他能畫五百羅漢作為布施，當時的吳彬並未接受請託。但不出一個月，吳彬便夢見該位比丘率眾禮佛，其間有金剛神、頻那夜迦等特殊形貌者，吳彬夢醒便著手繪製《五百羅漢圖》，此後他便常以羅漢為繪畫主題。

（佛陀言）「須菩提，你不能認為我有這種念頭：『我應當為眾生宣說佛法。』絕對不能有這樣的念頭。這是為什麼呢？如果有人說：『佛陀為眾生宣說許多佛法。』這就是在毀謗我，且不能瞭解我說法的真正義理。須菩提，宣說佛法這件事，其實並沒有絕對的佛法可以宣說，只是勉強稱此事為說法罷了。」

原文

爾時，慧命❷須菩提白ㄛ佛言：「世尊，頗有眾生，於未來世，聞說是法，生信心不ㄈ？」

佛言：「須菩提，彼非眾生，非不眾生。何以故？須菩提，眾生，眾生者，如來說非眾生，是名眾生。」

註釋

❷ 慧命：意謂具壽命，又作具壽，是對有德比丘的尊稱。《摩訶僧祇律》提到：「佛住舍衛城時，慧命羅睺羅到。」還有另一解為，指法身以智慧為生命。例如色身必須仰賴飲食，而法身則必須仰賴智慧。如果智慧之命損傷，那法身之體也會隨之滅亡。

譯文

那時，慧命須菩提再向佛陀問道：「世尊，未來世的眾生聽聞此法時會心懷相信嗎？」

佛陀說：「須菩提，你已非眾生，也無眾生的空相。這是為什麼呢？須菩提，眾生之所以為眾生，這只是眾生的空相，不過是眾生這個名稱罷了。」

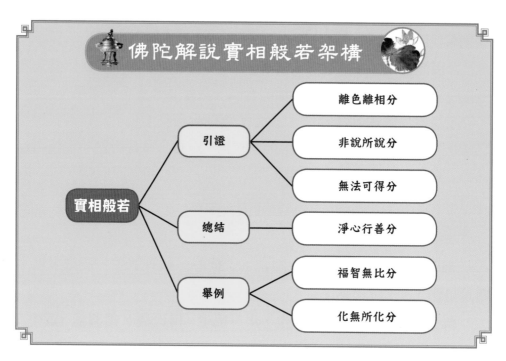

佛陀解說實相般若架構

實相般若
- 引證
  - 離色離相分
  - 非說所說分
  - 無法可得分
- 總結
  - 淨心行善分
- 舉例
  - 福智無比分
  - 化無所化分

 賞析

此章深入闡述世人不應該受限於說法的空相，反而要破除一切執見，再次強調「萬法皆空」之理。而眾生與不是眾生之間，差別只在是否覺悟「空諦」。佛陀希望眾生能瞭解「法無所說，所說非法」之理，所以此章便名為「非說所說分」。

佛陀特別強調自己只是隨順機緣指點眾生，心中未曾有過「說法」的念頭。因為如果佛陀執著於自己應當有所說法的念頭，這就表示佛陀心中仍然拘泥於文字、言說以及法相。若是心中有所執著，當然就無法成佛了。那麼，佛陀到底為何說法呢？這是因為佛陀在修行的過程中，他就已經明瞭自己一旦成佛，即為「福慧兩足尊」，以大慈大悲為懷，心感眾生所受之苦。因此，度化一切眾生，脫離生死輪迴苦海，助眾生成佛，便是自己的本命。

而為眾生說法就是助眾生成佛的最佳途徑，佛陀便開始將自己修行成佛的經過，完完整整、實實在在地向眾生宣說，為眾生指出一條明路。但是，眾生在聽法時，心中仍然要清楚明白一件事，那就是佛陀並沒有自己要說法度化眾生的念頭，因為佛陀並不會執著於任何空相。

　　所以，佛陀強烈表示，假若有人說：「佛陀為眾生宣說了許多佛法。」那這個人就是在毀謗佛陀，並且此人未能瞭解佛陀說法的真正用意。再加上，成佛之法本來就是無形無相、妙用無窮的，豈是言語能夠說明清楚的呢？佛陀不過是看見眾生的執著與迷惑，才不得已為眾生說法、指點迷津罷了，眾生仍然應清楚知曉自己那顆不執著的本心才是真正的成佛之法。

　　佛陀說明完自己說法的緣由後，須菩提接著表示自己深怕未來會有許多眾生，在聽聞佛陀其實無所說法的道理之後，沒辦法理解不執著於法的妙理。佛陀便為須菩提加以解釋，佛陀認為眾生本來就具備自己的佛性，所以他們本就不只是普通的人。但是，這些眾生又尚未拋開其妄心，仍然對諸相有所執著，所以這時的眾生就還只是普通的人。不過，一旦眾生能夠領悟「諸法皆空」的道理，並且能夠自度度人，那就得以立地成佛了。這時的眾生就不再稱之為眾生了。

金剛經

第二十二章

無法可得分

佛得菩提無所得，無有少法實可得
無上正等正覺心，皆是性空及假名

 原文

　　須菩提白佛言：「世尊，佛得阿耨多羅三藐三菩提，為無所得耶？」

　　佛言：「如是！如是！須菩提，我於阿耨多羅三藐三菩提，乃至無有少法可得，是名阿耨多羅三藐三菩提。」

譯文

　　須菩提對著佛陀說道：「世尊，您對於證得無上正等正覺的境界，難道真的沒有一絲一毫求得的念頭嗎？」

　　佛陀說道：「正是如此！正是如此！須菩提，我對於證得無上正等正覺之法，內心確實沒有絲毫證得此法的念頭，只是在此處稱之為無上正等正覺罷了。」

銅鎏金誕生佛立像　台灣國立故宮博物院館藏

佛教經典《長阿含經》記載佛陀誕生的情景：「墮地行七步，無人扶侍，遍觀四方，舉手而言：『天上天下，唯我為尊。』」

此章再次說明佛陀心中沒有絲毫證得無上正等正覺（即阿耨多羅三藐三菩提）的念頭，由於「諸法皆空」，所以佛陀必定也不會執著於自己證得無上正等正覺一事。此章再次強調了「空」與「無」為《金剛經》的根本，因此稱此章為「無法可得分」。

　　透過此章，世人可以瞭解到，關於證得無上正等正覺與所得之法，佛陀的內心確實沒有絲毫得到的念頭，也就是「得無所得」。這是因為凡是可以用得失來衡量的都只是身外之物，也就不可能是自性中的無上正等正覺。無上正等正覺自性是人人生來就具足的，又如何能由外證得呢？當然也就無法可得。而此處佛陀能夠將無上正等正覺拿來解說，也只是假借一個名相而已，並不能僅僅透過此經章句就證得無上正等正覺的實相。如果世人欲證得無上正等正覺，那就只能藉由反觀自己的內

應真像　元代佚名

　　此二圖各繪九尊羅漢與二侍者，形成一組十八羅漢的對幅。圖中羅漢的手中分持經卷、塵扇、念珠、蓮花、香爐等，形貌各異，或為天竺羅漢，深目大鼻，膚色深褐；或為漢族比丘，修眉細目，膚色白晰。人物衣紋線條凝煉，用筆變化多端，時而流利暢達，時而又頓挫轉折、挺勁有力。全圖人物五官和髭鬚都以細筆鉤勒，就連衣上的圖案也都細膩描繪，設色妍麗而不明艷，清雅出塵，實為元代佛教畫的代表作。

心，求得清淨自性，領悟「萬法皆空」之理，進而自度度人，最終才得以成就無上正等正覺自性。

不過，假若世人又執著於「無法可得」，便又受限於心存「有法可得」的念頭了。「有法可得」會執著於法相，「無法可得」會執著於無法相，所以世人習佛必須連「無法相」也要放下。由此可知，「無得所得」才是真得，也才得以求得本來的清淨自性，並證得無上正等正覺。

對於無上正等正覺，佛光山開山宗長星雲大師也曾於《金剛經講話》解釋道：「無上正等正覺，乃佛自證之理，設有一法可加，則不得謂之無上；有一法可減，則不得謂之正等；若有加減，則不得謂之正覺。因為真如菩提無增減，更無欠、無餘，所以佛陀言：『無有少法可得。』」

讀到此章可以得知，在前二十一章中，須菩提認為佛陀證得無上正等正覺應該是有一個法可以依循的。雖然此法不

青銅鎏金佛坐像　唐代文物

　　隋唐時期，佛教鼎盛，佛教藝術達到顛峰，而印度傳入的造像稿本亦豐富了造像題材，印度所重視的立體感和審美意識也巧妙融入中國造像特有的線條中。在寫實精神的主導下，飽滿圓渾的人體、細緻的衣飾和柔軟自在的動態表現，不僅充分掌握藝術的形式，同時傳達佛陀內在性格，表現其莊嚴的佛性。

可說，因為一旦說了就會住相；也不可想，因為一旦想了也會住相。但須菩提還是覺得是有一法可得的，否則眾生又如何成佛呢？

佛陀明白須菩提的想法，所以他便於《金剛經》第七章說道：「須菩提，於意云何？如來得阿耨多羅三藐三菩提耶？如來有所說法耶？」又於第十七章說道：「須菩提，於意云何？如來於然燈佛所有法得阿耨多羅三藐三菩提不？」經過佛陀的二次說明，我們可以明白實無有法可說，且實無有法可得。那麼須菩提又為何到了此章才肯定實無有法可得呢？這就需要深入分析第十七章至第二十一章以求得解答了！

第十七分主要說明實無法可得無上正等正覺，以及一切法皆是佛法的道理；第十八分則點明佛陀與眾生天生就具有佛性，並無不同；第十九分則以「三心不可得」的智慧，告訴世人應當破除所有心中的空相，進而廣行布施；第二十分指出世人不應執著

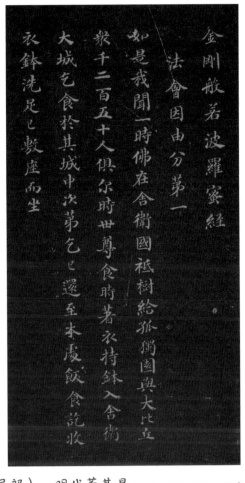

金剛般若波羅蜜經
法會因由分第一
如是我聞一時佛在舍衛國祇樹給孤獨園與大比丘
眾千二百五十人俱爾時世尊食時著衣持鉢入舍衛
大城乞食於其城中次第乞已還至本處飯食訖收
衣鉢洗足已敷座而坐

《金剛經》拓本（局部）　明代董其昌

董其昌，明代書法大家，《明史》記載董其昌「以善書稱」、「通禪理」。董其昌的《金剛經》是其任禮部尚書時之作，用筆輕靈，墨色清淡。

於佛陀顯現於外的具足色身與其五眼的神通妙用，必須見身無住，不能對佛陀的色身生起貪著之念；第二十一分闡述世人聽聞佛法之時，也要不執著於法相。

而「無我」是為證悟「萬事、萬物皆空」的真理；「無四相」則說明世人要屏除我與其他客體的存在；「無法」證明「萬法皆空」、「緣起性空」，不執著於一切法相的道理；「無眾生」講述如果主觀的我不存在，那麼客觀的眾生自然也就不存在了。言及於此，須菩提這才將內心的各種空相徹底清除，肯定佛陀確實無所得，並獲得了佛陀的認同與肯定。

阿彌陀二十五菩薩來迎圖　美國克利夫蘭藝術博物館藏

此圖描繪阿彌陀佛和二十五菩薩一行，從虛空中乘雲陡降，表現迅速前來迎接的模樣。日本的平安至鎌倉時代，淨土思想盛行，來迎圖為其代表淨土宗的重要主題之一，表現阿彌陀佛接引往生者的景象。

第二十三章

淨心行善分

無上正等正覺心，是法平等無高下
無所住相修善法，所言善法非善法

🌸 原文

復次：「須菩提，是法平等，無有高下，是名阿耨多羅三藐三菩提。以無我、無人、無眾生、無壽者，修一切善法❶，則得阿耨多羅三藐三菩提。須菩提，所言善法者，如來說即非善法，是名善法。」

渡海羅漢卷（局部）　宋代錢選

此圖象徵阿羅漢已發斷盡我見、我執、三界貪愛之心，欲跨越生死苦海，超脫一切世間煩惱。

註釋

❶ 善法：指修善果之法、合乎於善的一切道理。即指五戒、十善、三學、六度，是「惡法」的對應。五戒、十善為世間之善法；三學、六度為出世間之善法，兩者雖有深淺差異，但皆為順理益世之法，故稱之為善法。唐代禪宗六祖惠能曾道：「內除貪愛，外行布施，內外相應，獲福無量。見人作惡，不見其過，自性不生分別，是名離相。依教修行，心無能所，即是善法。」

譯文

　　佛陀再進一步說明：「須菩提，此成佛之法是平等的，並沒有高下之分，是故名為無上正等正覺。若以沒有我相、人相、眾生相、壽者相之心修習一切善法，便能夠證得無上正等正覺。須菩提，但我所說的善法並非永恆不滅的善法，只是在此處稱為善法罷了。」

賞析

　　此章說明唯有擺脫對於「有」的執著，才能淨心，並成就真善。

───　佛教黃檗宗僧侶像　美國克利夫蘭藝術博物館藏　───

　　黃檗宗為日本佛教的一個宗派，規模僅次於臨濟宗和曹洞宗，開山始祖為清初赴日傳教的隱元隆琦，即本圖最上方者。隱元隆琦為明末清初的禪宗僧人，福建省福州人。隱元不只是黃檗宗的始祖，亦是日本煎茶道的始祖。

「淨心」就是心中除卻人相、我相、眾生相、壽者相四相，世人只要淨心，無論何人修習善法都能覺悟，所以此章便稱為「是法平等分」。

此章於《金剛經》中扮演著承先啟後的角色。從第二十分到第二十二分，佛陀反復引證闡述實相般若的特色，離色離相、非說所說、無法可得，從而讓世人對於「諸法性空」有更深一層的體認。再以此章作為總結，表明不可執著於能施之我、受施之人、所施之物，即「三輪體空」。希望世人懂得將「三輪體空」的精神落實於善法之中。同時接續接下來的第二十四章、二十五章，舉例說明如何以無相之心修習善法的具體方式。

佛陀再次對須菩提點明「是法」就是「無上正等正覺」之法，即為「實相般若」。此法在聖不增，在凡不減，佛與眾生並沒有高下的

江帆山市圖　宋代佚名

圖中的小山之前是一條大江，正有帆船靠岸；小山之上是聚集在一起的建築物，高矗的旗杆掛著翻卷的佛旌，顯示其後是一座寺院。寺後山頂有亭翼然，右側有曲廊繞山如抱。圖中人物、建築、樹木、水紋細膩精緻，舉凡船隻結構、山寺建築無不描繪精確，人物神態形貌皆栩栩如生。

不同，所以稱其平等。為什麼佛陀如此說呢？從前面幾章經文中，世人得以明瞭實相般若本質性空，一切皆如幻影，實無可得，無法從一切空相求得實相般若。實相般若自然就不住一切相、不住穢淨、不住黑白、無有聖凡的分別，這就是「阿耨多羅三藐三菩提」的特質。

　　在此章中，佛陀再次一語道破成佛之徑，希望世人能夠修習一切善法，不能只停滯於發信心、悟理的階段，應當腳踏實地修行。如果一個人能以破四相、離妄法之心，修行一切善業，則能成就無上正等正覺。但究竟什麼是善法呢？狹義來說，泛指一切利他的事業，如布施、救濟、供養等；廣義來說，善法可以包含六度萬行，不僅僅是利他、利生，更包含上求佛道，下濟眾生，如：精進、持戒等。那為何精進、持戒也可以算是善法呢？因為修行之人常可以藉由誦經、持咒，對於經中所說的義理有更深一層的認識，從而與自己的生活相連結，生出對於佛法的信心，因此誦經、持戒也算是善法的一種。

第二十四章

福智無比分

須彌山王七寶聚，持如是寶行布施
受持讀誦為人說，算數譬喻不能及

原文

「須菩提，若三千大千世界中，所有諸須彌山王，如是等七寶聚，有人持用布施。若人以此《般若波羅蜜經》，乃至四句偈等，受持、讀誦、為他人說，於前福德，百分不及一，百千萬億分，乃至算數譬喻所不能及。」

譯文

（佛陀言）「須菩提，如果有人用三千大千世界所有須彌山那麼多的七寶來布施；另外又有人能依此《般若波羅蜜經》，就算只有其中的四句偈，受持、誦讀，並為他人宣說，那麼前者以七寶布施所得的福德，是完全比不上後者所得福德百千萬億分之一的，後者甚至根本就不能用算數或譬喻去計算。」

—— 釋迦牟尼佛絲繡圖　清代佚名 ——

此圖繪釋迦牟尼佛，其雙目微闔，神態和藹，手結說法印，端坐蓮華高壇上，五色祥雲繚繞四周，頂上華蓋纓絡莊嚴。壇前為釋迦牟尼佛的兩大弟子，一位是以苦行聞名的摩訶迦葉，另一位則是多聞利智的阿難尊者。

金剛經

此章說明誦讀《金剛經》就能得福，持受《金剛經》就能生智，所以稱為「福智無比分」。也可解釋為《金剛經》的智慧無比，所以修持《金剛經》所得之福德亦無可比擬。

　　一個三千大千世界中有無數個小世界，每一個小世界中都有一個須彌山，也就是說，三千大千世界會有更多須彌山。若是有一個人，他擁有三千大千世界所有須彌山那麼多的七寶，並將全部的琥珀、硨磲、珊瑚、琉璃、珍珠、金、銀等七寶堆積起來，再以此布施的福德，那當然是非常多的。

　　假若另外一個人受持《金剛經》，就算只受持其中一小段四句偈，能受持其意、讀誦其文，並為他人解說，這就已經比前者用三千大千世界所有須彌山堆積起來的七

—— 釋迦牟尼佛圖　明代鄭重 ——

　　鄭重，字千里。善畫佛像，每次畫作前，必先齋戒沐浴而後舉筆。亦畫山水小景，摹仿宋、元體均甚為精妍。本幅畫作祥雲擁現，天散寶華，釋迦牟尼佛法相莊嚴，手結定印，於一蓮花座上結跏趺坐，座下尚有一華麗的須彌寶台。人物以金粉填塗，全幅設色華麗，袈裟與台座之紋飾亦繪製精工。

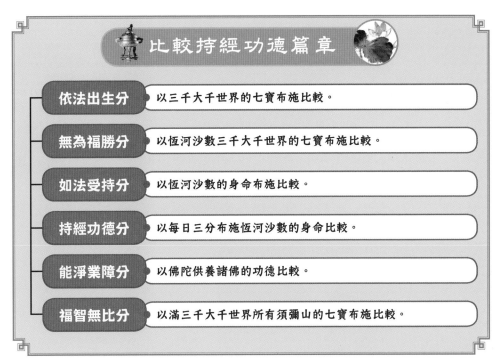

比較持經功德篇章

依法出生分	以三千大千世界的七寶布施比較。
無為福勝分	以恆河沙數三千大千世界的七寶布施比較。
如法受持分	以恆河沙數的身命布施比較。
持經功德分	以每日三分布施恆河沙數的身命比較。
能淨業障分	以佛陀供養諸佛的功德比較。
福智無比分	以滿三千大千世界所有須彌山的七寶布施比較。

寶布施所得之福德還來得多了，甚至無法用數字來計量。

這是因為用七寶行布施只是有漏福德，總有一天會享盡。但若是能受持、讀誦、為他人解說《金剛經》，就算只有一小段的經文，這都是「無為無漏」的福德，是成佛的因、無窮無盡的解脫果報。而有相布施之有漏福德又怎麼能跟受持般若智慧的果報相比呢！

《金剛經》全文從首章至此章，比喻較量持經功德的次數，總共有六次。第一次是以三千大千世界七寶行布施比較持經的福德；第二次是以恆河沙數三千大千世界的七寶行布施竹比較持經、說經的福德；第三次是以恆河沙數的身命布施比較受持、讀誦、為他人說《金剛經》的福德；第四次是以每日三分（初日分、中日分、後日分）布施恆河沙數的身命比較持經的福德；第五次是佛陀以自己未見然燈佛之前，供養八百四千萬億諸佛比較受持、讀誦、為他人解說《金剛經》的福德。

而此章做了第六次比較,卻只以三千大千世界裡所有須彌山之多的七寶布施為例。照理來說,比較的對象應該是越來越多,怎麼數目反而減少了呢?此即《華嚴經》所說:「發心究竟二不別,如是二心先心難。」最初發心,究竟成佛,這兩個心,本來就是平等的、沒有差別的。如是發心,如是究竟證果,因果相應,皆沒有差別、平等一體。假若沒有最初的一念菩提心為因,沒有菩薩修行的緣,又怎麼會結成佛果呢?所以說「發心、究竟二不別」。但是比較起來仍是有所差別,「如是二心先心難」,最初發菩提心最為難得,因為初心確實比較難發,一旦發心,功德就多了。

世人最初生一念清淨信心,此清淨信心是多麼不容易產生。而生起困難,解悟更難。世人一旦解悟,其功德也就多了。解悟以後就要修行,這就比較容易了。所以說開悟後修行就等於船行到順水、順風的地方,不需用力,船也會自然往前走。而最初發心則是水也不順,

青銅鎏金觀音菩薩半跏像　明代文物

明清造像多為延命、祈子、招財,因此多崇拜世俗色彩濃厚的各種觀音、地藏和彌勒等。造像風格趨於規律化,姿態僵硬,著重外在的裝飾,造形和神態與世俗人無異,缺少宗教作品神聖的特性。明清宮廷亦有製造藏式佛像,雖然遵循西藏造像的儀軌和量度,但精雕細琢、裝飾繁瑣,較為追求外在裝飾。

風也不順，因此必須用力撐船，但船卻仍然不容易往前進，所以其功德之多的原因便是在此。

那麼此章在較量功德時，為什麼功德反而比前面少了一點呢？因為開悟後的修行如入順流水，其功德永恆不斷。而佛陀身為成佛的過來人，又是真語者、實語者、如語者、不誑語者、不異語者。因此，他所說的話當然是真實不虛的，世人無需懷疑。

持蓮僧壁畫　美國大都會藝術博物館藏

　　這幅壁畫位於寺廟內部裝飾的部分，圖中的僧人手持蓮花，表示其對佛陀之崇敬。僧人的上衣和外袍等小細節，均使人一眼看出當時佛教徒的特徵。

第二十五章

化無所化分

佛無度眾生心念，實無眾生如來度
如來所度無住相，無我人眾生壽者

 原文

「須菩提，於意云何？汝等勿謂如來作是念：『我當度眾生。』須菩提，莫作是念。何以故？實無有眾生如來度者。若有眾生如來度者，如來則有我、人、眾生、壽者。須菩提，如來說有我者，則非有我，而凡夫之人以為有我。須菩提，凡夫者，如來說則非凡夫，是名凡夫。」

 金剛經

──────── 百子歡歌圖（局部）　宋代蘇漢臣 ────────

　　蘇漢臣擅畫佛像與人物，尤擅畫孩童。此圖可見數位孩童嬉笑玩鬧之景，生動活潑，趣味盎然，展現出有情眾生的生氣蓬勃。

（佛陀言）「須菩提，你覺得如何？你們切勿認為我在度化眾生的時候抱持著此等念頭：『我應當度化眾生。』須菩提，不要有如此念頭。為什麼呢？因為其實並沒有任何一個眾生是我所度化的。若我心中存有眾生是由我所度化的念頭，那麼我的心中也就存有我相、人相、眾生相、壽者相了。須菩提，我雖然說法時會提到自己，但實際上並無我見，而凡夫俗子卻會以為我仍執著於我相。須菩提，但我說的凡夫，其實也並非永遠的凡夫，只是暫時稱之為凡夫而已。」

此章中，佛陀想啟發世人的自身覺悟，修持經典，進入無我之境，然後成佛，所以此章便稱為「化天所化分」。

佛陀說法有所謂的「教、理、行、證」四種階次，而《金剛經》分別就是以生信、開解、起修、證果四部分來彰顯佛陀宣說的佛法。

第一章至第八章為生信——信佛陀的言教，如聽受讀誦，應如所教住；第九章至第十六章為開解——解悟佛陀所說的義理，達到深解義趣；第十七章至第二十四章為起修——

西方三聖接引圖　澳洲南澳美術館藏

接引圖，又稱來迎圖，是淨土宗的創作主題之一，主要表現阿彌陀佛和聖眾們接引往生者的情景。現存大多接引圖畫作均來自日本，年代主要集中在平安時代、鎌倉時代和江戶時代。多數西方三聖接引圖的構圖為，阿彌陀佛站在中間，結下品上生印，而觀世音菩薩則手持蓮台接引，大勢至菩薩合掌。一般來說，畫作中的阿彌陀佛身量都比另外兩尊菩薩大很多。

依所解悟的義趣修行，遠離一切相，通達無我法，降伏妄心，心無所住，安住真心，修一切善法；第二十五章開始則為證果——從聽受言教，深解義理，發起修行，直至證悟佛果。

佛陀強調眾生本空，並無實在之相。如果佛陀自己生心動念，認為眾生可度，那就是已經落入我相、人相、眾生相、壽者相四相的執著之中了。佛陀於《金剛經》中一再說明，若心中存有四相就無法身為菩薩。那若是自己心中仍存有四相的執著，又如何能成為釋迦牟尼佛呢？所以佛陀才會說自己心中絕對沒有四相存在。既然心中沒有四相，就不會執著於自己是個能度化眾生之人，也絕沒有心生眾生是我所度化的這種念頭。

而眾生的般若智慧與佛陀所擁有的並無不同。眾生能夠由迷轉悟，是由於眾生的自性為自己所度化，並非因佛陀度化而來。佛陀在度化眾生的時候，如果認為眾生能夠覺悟是我所度化的，那佛陀就會因為執著而起度化眾生的我相、被

犍陀羅立式佛像　英國大英博物館藏

佛教起源於印度，西元一世紀前後傳入中國。所以，中國早期佛像造型往往具有域外民族的特色。例如此佛像臉型瘦長，五官輪廓較深，即具有域外民族的五官特色。

我度化的人相、所度化的眾生相、能夠成就的壽者相，那就不再是那個領悟自性本體的佛陀了。

　　所以，佛陀說「我」字，只是不得已所取的一個代名詞而已，其內心並沒有我相的執著存在。不過，世人卻還是時常執著於我相的存在，認為是佛陀度化了世人。事實上，佛陀與世人的本性都是相同的，迷則為凡夫，悟則成佛，不過在凡夫未覺悟之時，暫且勉強稱之為凡夫而已。

青銅鎏金佛塔　明代文物

　　明清兩代由於社會經濟的發展，佛教的傳布已無需仰賴皇家貴族的扶植。此時的佛教教徒致力於經典的校刻和流通，使佛教思想的流傳益廣。雖然明清時期在佛教教義和理論上沒有太大的創新與突破，但是佛教基本教義早已透過法會等活動，深植民心，使佛教成為中華文化中不可分離的一部分。

第二十六章

法身非相分

三十二相觀如來，轉輪聖王即如來
是故以色與音聲，人行邪道不見佛

 原文

「須菩提，於意云何？可以三十二相觀如來不ㄈㄡˇ？」

須菩提言：「如是！如是！以三十二相觀如來。」

佛言：「須菩提，若以三十二相觀如來者，轉輪聖王❶即是如來。」

註釋

❶ 輪轉聖王：印度宗教中的
術語。在印度神話中，當
統一世界的君王出現時，

—— 緙絲佛像 台灣國立故宮博物院館藏 ——

　　南宋以後，佛教題材逐漸加入緙絲製作的行列，而佛與菩薩的造像也傾向世俗化，塑像既不失莊重，又富有人情，創造出秀婉典雅的風貌。此幅藍地設色緙絲佛像即是其中精品。圖中的釋迦牟尼佛兩腳交疊盤坐在蓮花台座上，其臉形略圓，五官柔和安祥，神情莊嚴肅穆，身著袒右肩赭紅色袈裟，衣褶流暢，雙手仰放於腹前，兩拇指的指端相接，作禪定印。相傳釋迦牟尼佛當年在菩提樹下，即以此坐式入定悟道。

天上將會出現一個旋轉的金輪，作為其統治權力的證明。而擁有這個旋轉金輪的人，將會成為這個世界以及全宇宙的統治者，他將會以「慈悲」與「智慧」治理這個世界，開創轉輪聖朝。之後的佛教、耆那教與印度教等，都繼承了這個傳說。孔雀王朝的阿育王因興佛教、施仁政，就被當時的佛教徒尊稱為「轉輪王」，甚至有「轉輪王等同於佛陀」的說法。另外，柬埔寨吳哥王朝的開國之君闍耶跋摩二世也曾自稱為轉輪王。

譯文

（佛陀言）「你覺得如何？可以用外在的三十二莊嚴身相判斷是否為佛嗎？」

須菩提回答說：「可以的！可以的！外在的三十二莊嚴身相可用以判斷是否為佛。」

佛陀說道：「須菩提，如果可以用外在的三十二莊嚴身相判斷是否為佛的話，這麼說來，轉輪聖王也就是佛了。」

—— 阿育王后　英國皇家收藏 ——

阿育王，名為阿輸迦・孔雀，常被簡稱為阿育王。印度孔雀王朝第三代君主，頻頭娑羅王之子。阿育王是一位虔誠的佛教徒，後世稱其為佛教在人間的大護法。此圖描繪了阿育王后優雅的身影，她站在其丈夫阿育王建造的三七佛塔的佛教紀念碑欄杆前。

　　須菩提白\~佛言：「世尊，如我解佛所說義，不應以三十二相觀如來。」

　　爾時，世尊而說偈\~言：「若以色見我，以音聲求我，是人行邪道，不能見如來。」

譯文

　　須菩提便向佛陀說道：「世尊，我瞭解您所說的道理了，不應該用外在的三十二莊嚴身相判斷是否為佛。」

　　這個時候，佛陀宣說偈語道：「如果只見我的形色外表，或是只執著於我的聲教，以求見我的真性，那麼這種人便是捨去正途，絕不能見得真正的如來面目。」

青銅鎏金觀音菩薩立像　五代十國文物

　　此像為五代十國時期之大理國文物。大理國於五代後晉初年，由段思平建國。大理都城羊苴咩城，國號大理，因其尊崇佛教，又稱妙香大國。大理國帝室崇佛，二十二位國主中有九位出家，開科取士，悉取佛道，並以佛道為官，佛法昌隆。宗派以密教為主，又受中原文化影響，吸收道教神祇和當地的本土崇拜，內容龐雜淺俗。其中，觀音信仰特別盛行，觀音圖像眾多。再加上與東南亞往來頻繁，造像風格多變，形成富地方性色彩的宗教藝術。

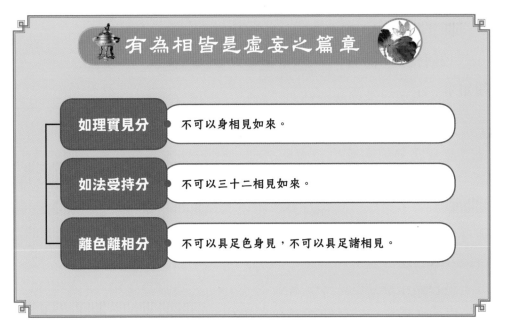

有為相皆是虛妄之篇章

如理實見分	不可以身相見如來。
如法受持分	不可以三十二相見如來。
離色離相分	不可以具足色身見，不可以具足諸相見。

賞析

　　此章言明世人切勿崇拜偶像，即使對佛陀也是如此。透過佛陀和須菩提的對話可以知道不應該執著於「相」的根本道理，即使是佛陀的三十二種相也不應該執著，所以稱此章為「法身非相分」，即佛陀的「法身」不是以「相」來體現的，強調「萬法皆空」的真諦。

　　佛陀先問須菩提，可以用外在的三十二莊嚴身相判斷是否為佛嗎？須菩提因為尚未完全明白佛法深義，所以認為外在的三十二莊嚴身相可用以判斷是否為佛。

　　佛陀接著又以轉輪聖王為例，說明因為轉輪聖王福業厚重，於是同樣具有三十二莊嚴身相。假若可以用外在的三十二莊嚴身相去判斷是否為佛，那麼世人看到轉輪聖王時，豈不是也會認為他是佛呢？須菩提聽完便立即明白佛陀所說的道理了。

　　接著，佛陀認為時機已成熟，於是告誡弟子與世人，如果執著於外表的形色或一切音聲，並想要以此二者證悟真如本性，那就代表這

個人並未領悟成佛是要向心中求的。所以，如果世人執著於向外追求，那便是正路不走，偏走邪路，執著於外在的塵、相、境界。一旦有所執著，就無法領悟自性如來的本體了。

《金剛經》不斷強調破相、離相、降伏其心。此章便加以說明若是落入眼見、心想的三十二相，執著於有相，就無法觀見如來真身。除了此章之外，佛陀也曾說明有為佛相皆是虛妄的道理：例如第五章──不可以身相見如來；第十三章──不可以三十二相見如來；第二十章──不可以具足色身見，不可以具足諸相見。以上三章的眼見佛身和此章觀想的相皆為取相執著，世人一旦落入執著，就有高下。所以，真如法身豈能用幻化不真的三十二相觀之呢？因此，佛陀欲使世人將心識所觀想的三十二相掃蕩潔淨。因為眼見之相、心想之相、顯於內外之相都是幻生幻滅、不可得的。

第二十七章

無斷無滅分

離一切相非滅相，不住具足斷滅相
發菩提心無所住，於法不說斷滅相

原文

「須菩提，汝若作是念：『如來不以具足相故，得阿耨多羅三藐三菩提。』須菩提，莫作是念：『如來不以具足相故，得阿耨多羅三藐三菩提。』須菩提，汝若作是念：『發阿耨多羅三藐三菩提心者，說諸法斷滅❶。』莫作是念。何以故？發阿耨多羅三藐三菩提心者，於法不說斷滅相。」

—— 灌佛戲嬰圖　宋代蘇漢臣 ——

此圖繪庭院中四位嬰孩浴佛為戲，一位手扶誕生佛像台座；一位手持水瓶正在灌佛；一位手捧花籃；另一位則雙手合十跪地禮拜。全圖設色明麗，筆墨精到，每位嬰孩均神情專注，描繪得栩栩如生。

無量壽佛圖　清代吳艮

　　無量壽佛，即「阿彌陀佛」，佛教菩薩乘各宗派普遍接受阿彌陀佛，而淨土宗則以專心信仰阿彌陀佛為其主要特色。淨土宗專修往生阿彌陀佛西方極樂世界淨土之法門，並與禪宗同是對漢傳佛教影響最大的兩個支派。其影響深遠，自唐代創立後流傳於中國、韓國、越南等地，至今不衰。

無量壽佛

金剛經

註釋

❶ 斷滅：即「斷見」。諸法緣生緣滅，生滅不已，因果相續，畢竟性空。所以，此章才會提到「不說斷滅相」。

譯文

　　（佛陀言）「須菩提，你如果有這樣的念頭：『佛陀不是因為具備圓滿三十二相的緣故，才證得無上正等正覺。』須菩提，你千萬不可以有這種想法：『佛陀不是因為具備圓滿三十二相，才得證無上正等正覺。』須菩提，你如果又有這樣的念頭：『發無上正等正覺心之人是因為其心斷滅了圓滿的三十二色身相。』千萬不可以有這種觀念。這是為什麼呢？因為發無上正等正覺心之人，並不會有萬法必須斷滅的想法。」

佛說真空離相之篇章

究竟無我分	實無有法，發菩提心。
非說所說分	說法者無法可說。
無法可得分	無有少法可得菩提。
化無所化分	實無眾生如來滅度。
法身非相分	不應以色以音聲見如來。

 賞析

　　「無斷無滅」——說空又要超越空，對空亦不能執著。此章進一步強調對「空」本身也不能執著，所以佛陀告誡須菩提心中絕不可存有「諸法斷滅」的念頭，也就是不能執著於「空」，所以此章便稱為「無斷無滅分」。

　　佛陀於《金剛經》中一再解說真空離相之理：例如第十七章——實無有法，發菩提心；第二十一章——說法者無法可說；第二十二章——無有少法可得菩提；第二十五章——實無眾生如來滅度；第二十六章——不應以色以音聲見如來。以上都是說明性空之妙理，除去人執有之心，以顯平等自性。佛陀唯恐須菩提與後世眾生無法達到真空離相之理，落入斷滅知見的執著。所以，佛陀便要世人掃蕩所有妄想，為世人拔除住相之心。

佛陀所說的無相，是教人離一切相，而不是教人滅相。所以世人心中應不執著一切形相，也沒有一個斷滅相的想法。同樣的道理，所謂「無法相」即心中沒有法的執著，也沒有斷滅法相的念頭產生。

　　佛陀還強調世人不可以認為證得無上正等正覺，是由於心中存有斷滅圓滿三十二色身相的緣故。一切法皆是一樣的，雖然一切萬法隨因緣而生滅，如夢幻泡影，修行的人不能對法產生執著，但心中也不能產生斷滅一切法的念頭。因為發無上正等正覺心之人，必定能無所執著，並且自覺覺人、覺行圓滿，使眾生內心能夠自我覺悟，怎麼會對於萬法有必須斷滅的想法呢？

畫十八應真像　明代鄭重

　　此圖描繪十八位羅漢沉浮於生死苦海之中，唯有心中沒有一切相，也沒有斷滅一切相的念頭，才能真正離苦得樂，證得無上正等正覺。

第二十八章

不受不貪分

知法無我成於忍，功德更勝七寶施
菩薩不受福德故，不應貪著無所住

原文

「須菩提，若菩薩以滿恆河沙等世界七寶持用布施；若復有人知一切法無我，得成於忍❶，此菩薩勝前菩薩所得功德。何以故？須菩提，以諸菩薩不受福德故。」

須菩提白ㄅㄞˊ佛言：「世尊，云何菩薩，不受福德？」

「須菩提，菩薩所作福德，不應貪著ㄓㄨㄛˋ❷，是故說不受福德。」

金剛經

註釋

❶ 忍：忍辱、忍耐、堪忍、忍許、忍可、安忍等意。即受他人侮辱惱害但不生瞋心，或自身遇苦而不動心。而依經論所記載，忍尚分有多種類別，以下舉其中一種為例——生忍與法忍。據《大智

引路菩薩圖　英國大英博物館藏

　　五代十國以來，士大夫階級興起，成為推動宗教與文化的主力。佛經故事成為民間說書的話本，寺院俗講的內容加入歷史故事，佛教融入庶民的生活之中。爾後，宋代造像風格趨於平易近人，並由於繪畫成為創作主流，雕刻常寓以繪畫的意趣。

度論》記載，雖受眾生迫害或優遇，仍不執著於其違順之境而忍，又觀眾生無初、中、後之別，而在眾生之上體認空理，不陷於邪見，此即生忍，又稱為眾生忍；體認一切事物之實相為空，心安住於此真理之上，此即法忍，又稱為無生法忍。

❷ 貪著：貪婪執著。貪：指根源於無明、愚癡、我見，對於外境產生愛取、不願放棄的心態。佛陀認為一旦離開貪欲，便可以使自心解脫，離開無明，得慧解脫。《阿毘達磨法蘊足論》記載：「云何『貪』？謂於欲境諸貪等貪，執藏防護堅著、愛樂迷悶、耽嗜遍耽嗜、內縛悕求、耽湎苦集、貪類貪生，總名為貪。」《雜阿含經》記載：「淨信者，謂心解脫；智者，謂慧解脫；貪欲染心者，不得不樂；無明染心者，慧不清淨。是故，比丘離貪欲者心解脫；離無明者慧解脫。」著：因無明煩惱所引而生執著，使人無法解脫，無法進入涅槃。《雜阿含經》記載：「云何取故生著？

引路菩薩圖　英國大英博物館藏

　　此為一幅於敦煌莫高窟藏經洞發現的唐代絹畫，畫面以淺褐色為底，右上角有文字題記「引路菩」。畫中菩薩右手持柄香爐，左手持蓮花幢幡，唇上有蝌蚪狀髭鬚。左上角有彩雲圍繞著閣樓建築，表示極樂世界。右邊則是往生的女信徒，她身穿紅色唐代貴婦服飾，身量是菩薩的三分之一。

鎏金阿彌陀佛　五代十國佚名

遼國王室信佛者眾，貴族及民間盛行刻經、念佛、建寺和造像等佛事。遼國早期造像承繼唐代餘風，西元十一世紀後逐漸發展出自我風格。神情端嚴，不苟言笑，上身挺直，肌肉雄健，表現契丹民族特有的雄強風格。

愚癡無聞凡夫，於色見是我、異我、相在；見色是我、我所而取。取已，彼色，若變，若異，心亦隨轉……於受、想、行、識見我、異我、相在；見識是我、我所而取。取已，彼識，若變，若異，彼心隨轉。心隨轉故，則生取著，攝受心住。住已，則生恐怖、障礙、心亂。以取著故，是名取著。」

譯文

（佛陀言）「須菩提，若有菩薩以充滿恆河沙等世界的七寶行布施；若又有人能知曉一切法且沒有我相，還能忍受不順利的境遇。那這樣修菩薩道之人所得的功德，便更勝過前面所說執著於七寶布施的菩薩。這是為什麼呢？須菩提，這是因為一個真正的菩薩是不會受到福德束縛的。」

須菩提向佛陀說道：「世尊，那麼為何要說菩薩不會受到福德的束縛呢？」

（佛陀言）「須菩提，菩薩因其所行而得之福德，不應當是由於貪求福德才行得的，所以才說菩薩不會受到福德的束縛。」

此章說明即使是為了成就佛法，世人也不能以貪受福德為目的而行，這樣反而會違背佛法真諦。佛教的根本義理即是空諦，所以修行之人對一切福德當然不應該存有接受、貪著之心。因此，此章便稱為「不受不貪分」。

　　如果有人行菩薩道的時候，內心執著於福德的獲得，那此人就算是用恆河沙數等世界的七寶布施於人，其所得的福德也只是表面上看起來很多，實際上卻因其心住於相而十分有限。

　　反過來說，如果有人修菩薩道，同樣去布施、弘法，但是其心中並不執著於求得功德，更沒有任何的執著，對於一切欲望與執著內心不需要強忍，內心自然清淨無染，達到一切『無忍』、『忘忍』的自在境界。這樣修菩薩道所得的功德，當然比住相布施之功德還要來得多。這是因為一個真正的菩薩，其內心是不會受到福德所束縛的，又由於菩薩度化眾生都是其自性自然流露的行為，其心中不會產生貪著福德的念頭，所以佛陀才說菩薩不會受到福德的束縛。

　　此章所謂「一切法無我」，是指一切法緣起性空一切法，涵蓋心性、心所有法、色法等。無我，則指人無我、法無我。「人無我」即眾生之身都是由色蘊、受蘊、想蘊、行蘊和識蘊五蘊假合而成，五蘊之法性本空，所以眾生並無真實不滅

──────── 《金剛經》墨跡（局部）　　明代文徵明 ────────

　　文徵明，明代書畫大家，其楷書名垂海內。明代後七子之一的王世貞曾這樣評價文徵明：「小楷師二王，精工之甚。」文徵明晚年聲譽卓著，號稱「文筆遍天下」，此《金剛經》便屬於其晚年之作。

之身。「法無我」則指諸法皆因緣生之義理，諸法皆無實在之體用。

　　而「得成於忍」指心通達一切法。此處的「忍」有四義：生忍、法忍、無生忍、無生法忍。「生忍」謂恭敬供養時，不生驕奢淫逸之心；受盡瞋罵時，不會懷恨在心，又稱為「眾生忍」。「法忍」謂飽受寒熱、風雨、飢渴之時，其心能安、能忍，不生瞋恚憂愁，且能安心辨道。「無生忍」謂妄惑已盡，知曉諸法皆不生、皆無為。「無生法忍」則有兩種解釋，一為「忍可」，二為「安忍」。「忍可」指領悟一切諸法之性本空；「安忍」即安住於道而不動心。「無生法忍」指菩薩覺悟無生之法，明白諸法實相，能安住於實證理相，不動不退。

　　「得成於忍」其實就是六度的「忍辱波羅蜜」，當有旁人對自己打罵、批評、毀謗、羞辱、惡語、謾罵、忌妒時，內心不起怨恨心，這就是「生忍」；當眾生面對一切阻礙自己修佛的逆境時，能泰然處之、安心辨道，這是「法忍」；當眾生瞭解一切法都是因緣所生，無有自性，無有自體，當體即空，這便是「無生法忍」。

金剛經

第二十九章

威儀寂靜分

人言如來四威儀，是人不解如來義
無所從來如來者，亦無所去名如來

原文

「須菩提，若有人言：『如來若來、若去、若坐、若臥❶。』是人不解我所說義，何以故？如來者，無所從來，亦無所去，故名如來。」

註釋

❶ 若來、若去、若坐、若臥：即「四威儀」。為比丘、比丘尼所必須遵守之儀則，亦即日常之起居動作（包括行、住、坐、臥）須謹慎，禁放逸與懈怠，以保持嚴肅與莊重。一般以行如風、坐如鐘、立如松、臥如弓之四

— 寶生如來緙絲圖　宋代佚名 —

寶生如來，為佛教五方佛中的南方如來，代表佛法微妙之德。因其佛法圓滿，已得到無量福德、珍寶，故名「寶生」。《守護國界主陀羅尼經》記有寶生如來左手持衣角當心，右手仰掌，能隨順眾生之所欲，滿足其所願，以便其修法。

金剛經

無量壽佛，即「阿彌陀佛」。佛陀曾於《佛說阿彌陀經》說道：「舍利弗，若有善男子、善女人，聞是經受持者，及聞諸佛名者。是諸善男子、善女人，皆為一切諸佛之所護念，皆得不退轉於阿耨多羅三藐三菩提。是故，舍利弗，汝等皆當信受我語及諸佛所說。」佛陀亦曾多次宣講阿彌陀佛的念佛法門，只要信、願、行具足，不分利根、鈍根，人人都可以修學、成就。

威儀最為重要。一、行：行走之時，不得垂手及左右顧視，必須直視前方，勿踏蟲蟻及急行，並不得與女子、醉酒者同行。二、住：不得直立於師前後，不得距離太近或太遠，並不得立於高處、上風處，必須側立於師之額角七尺許處。三、坐：未喚坐不得輒坐，不得同床共坐，若坐時腳未著地，則不得坐。四、臥：臥時必須敷鋪臥具，並以右手為枕，右脅向下，左手伏左膝，兩足相疊，面當看外，不得看壁，且不得赤體等。

譯文

（佛陀言）「須菩提，如果有人說：『如來有行、住、坐、臥四種威儀相。』那麼此人並不瞭解我所說的義理，這是為什麼呢？因為『如來』真正所指的是眾生的佛性本質，而此本質無所謂從何處而來，也無所謂往何處而去，所以才稱為『如來』。」

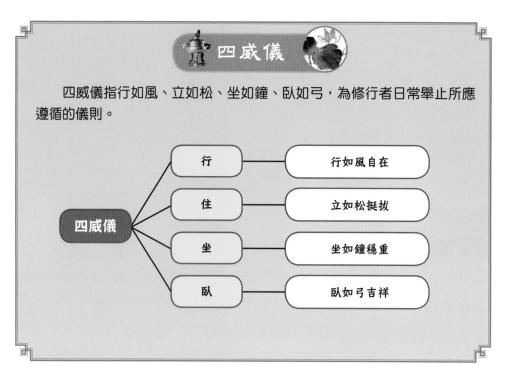

四威儀

四威儀指行如風、立如松、坐如鐘、臥如弓，為修行者日常舉止所應遵循的儀則。

四威儀		
	行	行如風自在
	住	立如松挺拔
	坐	坐如鐘穩重
	臥	臥如弓吉祥

 賞析

　　此章要世人切勿執著於佛陀四威儀中的佛法，應達到「諸法皆空」的境界，所以此章便稱為「威儀寂靜分」。

　　如果世人因為佛陀有行、住、坐、臥四種威儀相的緣故，就以此為如來真身，或是想透過行、住、坐、臥四種威儀相證悟無相的法身如來，這就表示世人心中還是執著於形相，並不瞭解佛陀所說的義理。

　　因為「如來」真正所指的是眾生的佛性本體，而不是外在的形相。當眾生內心被塵垢遮蔽的時候，並非是佛性已消失；而當眾生覺悟的時候，佛性顯現，此佛性也不是從別處而來的。此佛性本體是充滿法界、寂然不動的。又因為佛性真性自如，充滿法界，隨感而發，來固非來，去亦非去，所以才稱之為「如來」。

　　佛門三千威儀、八萬細行，皆不出行、住、坐、臥四威儀。四威儀指行如風、立如松、坐如鐘、臥如弓，為修行者日常舉止所應遵循

的儀則。「威」以德顯，嚴持戒行，眾德威嚴，有威可畏，非強橫勢力之威；「儀」以行表，動靜合宜，舉止安詳，故有儀可敬，非虛偽詐現之儀。具足威儀，謹慎莊重，自然令人望之生敬，渴仰欽羨，故以威儀細行，即能化導眾生，令入佛道。以下細說「行如風、立如松、坐如鐘、臥如弓」的具體內涵。

行如風：修道之人，舉止動步，安詳徐行，猶如清風徐拂。行進時，兩眼平視，不左窺右瞄，不向外攀緣；移步時，勿踏蟲蟻，勿倉倉皇皇，或令鞋履拖拉出聲。當收攝身心，舉止動步，心存正念，一切時中，定慧等持，如法而行。

立如松：站立之時，頭頸不偏不倚，身軀挺直，安穩而立，猶如蒼松，不可歪斜或抖動。當心存正念，隨所住處，常念供養三寶、持誦經法，心安在道，如法而立。

坐如鐘：端坐之時，應攝心專注，身心安穩不動，猶如大鐘。身體放鬆，不得隨便；心要專注，不得緊張。切勿前傾、後仰或左右歪斜。當威儀端肅，觀照自心，諦觀實相，如法而坐。

楞嚴廿五圓通佛像圖（局部）　明代吳彬

圖中為廿五圓通佛之一佛，其坐姿端正、神情專注，觀之宛若大鐘安定穩重，具備威儀之相。

臥如弓：修道之人，非時不臥。睡眠時，為調攝身心，當側右而臥，以右手曲肱為枕，左手平舒於腿之上，雙腿微弓，兩足相疊，此名為「吉祥臥」，亦名「獅子臥」。側右而臥，於諸臥姿中最為有益，能令身得安穩，心不動亂。仰臥是修羅臥；覆臥是餓鬼臥；側左臥是貪欲臥。故修行人不仰臥、不覆臥、不側左臥，應側右而臥，保持正念，心無昏亂，如法而臥。

以上具足威儀、身端行正，非僅限修習佛法之人，人人都應當具備。

蠻王禮佛圖　美國克利夫蘭藝術博物館藏

此幅圖原被認為是西元十世紀的畫家趙光輔之作，也有學者指出此卷為宋元人摹品。但由於畫家趙光輔生卒年不詳，相關考證雖各據其理，方法卻以旁證考釋為多。此幅畫末有「光輔」款題並鈐印，但已模糊不清。該手卷上有元人趙孟頫作跋，曰：「佛法入中國千餘年，殆是家有其像，見之者悉起敬心，不當以古今畫手生分別也。子昂」

第三十章

一合理相分

世界微塵眾甚多，非微塵眾名微塵
是非世界名世界，凡夫之人貪著事

原文

「須菩提，若善男子、善女人以三千大千世界碎❶為微塵，於意云何？是微塵眾❷寧為多不ㄈㄡˇ？」

須菩提言：「甚多，世尊。何以故？若是微塵眾實有者，佛則不說是微塵眾。所以者何？佛說微塵眾，則非微塵眾，是名微塵眾。」

註釋

❶ 碎：搗碎、破裂。
❷ 微塵眾：即「眾微塵」，指眾多微塵積聚在一起。

金
剛
經

宋仁宗坐像　台灣國立故宮博物院館藏

宋仁宗，北宋在位時間最長的皇帝。宋仁宗敬佛，曾寫下〈贊佛舍利〉一詩，云：「唯有吾師金骨在，曾經百鍊色長新。」以一代帝王之尊，稱佛為師，於當時形成一股敬佛風氣。如司馬光曾作〈戲呈堯夫〉一詩，云：「近來朝野客，無座不談禪。」

譯文

（佛陀言）「須菩提，如果有善男子或善女人將三千大千世界搗碎成為微塵，你覺得如何？這些微塵是不是很多呢？」

須菩提回答世尊說：「非常多的，世尊。為什麼呢？如果這些眾多微塵指的是其實際永存的實體，那佛陀就不會說這些微塵是很多的了。這是什麼原因呢？因為您所說的這些微塵眾，並非永恆不變的微塵眾，只是微塵眾的短暫虛相罷了。」

原文

「世尊，如來所說三千大千世界，則非世界，是名世界。何以故？若世界實有者，則是一合相❸。如來說一合相，則非一合相，是名一合相。」

「須菩提，一合相者，則是不可說，但凡夫之人貪著其事。」

聖德太子和他的兒子　美國克利夫蘭藝術博物館藏

聖德太子是日本飛鳥時代皇族，推古天皇在位期間的政治改革推行者，用明天皇的二皇子，母親為欽明天皇皇女，姑母為推古天皇。大和時代豪族政爭，蘇我氏外孫女豐御食炊屋姬即位為推古天皇，由聖德太子以皇太子之位輔政。聖德太子輔政後大力進行改革，並遣使入隋唐學習中國制度。後又推行新政，制定冠位十二階、頒布憲法十七條、採用曆法、編修國史、使用天皇名號、興隆佛教。日本初期佛教的建立，以及佛教在日本傳播基礎的奠定，主要都是在聖德太子時代。

金剛經

❸ 一合相：指由眾緣和合而成的一件事物。以佛教的觀點來說，世間
　一切法皆為「一合相」。

譯文

　　（須菩提言）「世尊，您所稱的三千大千世界並不是真實永久存
在的三千大千世界，只是暫時稱為三千大千世界罷了。這是為什麼呢？
倘若這世界是實有的話，也只不過是許多東西的一合相而已。而您所
說的一合相，同樣並非永恆存在的一合相，只是暫時稱為一合相罷
了。」

　　（佛陀言）「須菩提，世界是許多東西的一合相，這是不可否認
的，只是凡夫俗子常會因此而貪戀、執著。」

─ 銅鎏金佛坐像　日本室町時代文物 ─

　　此佛像高髻，臉像豐滿，閉目。右手支
頤作思維相，左手自然垂放於身後側，掌心
觸地，以撐住微向後傾的上半身，適當地表
現出安適之相。其衣服深凹的弧線，刻劃出
隨著身軀而變化的衣物皺折。雖然弧線並不
繁密，衣面被分割的區塊也較大，但仍表現
出衣物的柔軟和流動感。而菩薩衣服下擺的
衣褶，對比其思考的表情，更映襯出思索之
相的安靜悠深。

此章主要在探討一合相之理，所以稱為「一合理相分」。在佛教的觀點中，世界是所有萬事萬物組成的集合體，所以又可以稱為「一合相」。

　　如果將三千大千世界搗碎成為微塵，這些微塵是非常多的。但是，若這些微塵是實際永存的實體，那佛陀就不會說這些微塵是很多的了。因為微塵是因緣和合而成的，並一直隨著因緣生滅變化，沒有自主性。所以，這裡所謂的微塵，只是一個假借的暫時名相罷了。

　　而三千大千世界同樣也是因緣和合的短暫現象，不是真實永久的存在。倘若這世界是實有的話，那也只不過是萬事萬物的集合體而已，也就是所謂的一合相。凡是有結合，就有分散，沒有永恆不變的存在，所以一合相也只是暫時的名相而已。

　　世界是萬事、萬物的集合體，時而結合，時而分散。假若世人仍是加以執著，那便無法明瞭這一合相的世界只是變化中的一個短暫現象。一旦世人貪戀眼前的事物，就會迷失本性。一合相本不實有，生而無生，滅而無滅。但眾生卻以無明妄心妄認此「不實有」為「有」，此章即點破此盲點，欲使世人徹見實相。

第三十一章

知見不生分

我人眾生壽者見，實非如來所說義
是知是見是信解，不生法相非法相

原文

「須菩提，若人言：『佛說
我見、人見、眾生見、壽者見。』
須菩提，於意云何？是人解我所說
義不ㄈ？」

「不也，世尊。是人不解如
來所說義。何以故？世尊說我見、
人見、眾生見、壽者見，即非我見、
人見、眾生見、壽者見，是名我見、
人見、眾生見、壽者見。」

譯文

（佛陀言）「須菩提，如果有
人說：『佛陀常常講到我見、人見、
眾生見、壽者見。』須菩提，你覺
得如何？此人當真瞭解我所說的義
理嗎？」

―――――――― 宋人畫佛像　台灣國立故宮博物院館藏 ――――――――

佛陀以《金剛經》告誡眾生佛性是存在於自性之中的，無法用眼睛或聲音求得。
而世人敬拜佛陀、肯求佛陀的行為，其實只是執著於空相，以為拜佛、求佛就能見佛。
不過，這都是世人受妄想之心所蒙蔽而已，真正的佛性只能向內求，而非向外求。

（須菩提言）「不瞭解的，世尊。此人並不瞭解您所說的義理，為什麼呢？因為您提及我見、人見、眾生見、壽者見，並非代表您執著於我見、人見、眾生見、壽者見，只是假借我見、人見、眾生見、壽者見的名相以說法而已。」

 原文

「須菩提，發阿耨ㄋㄡˋ多羅三藐ㄇㄧㄠˋ三菩提心者，於一切法，應如是知❶、如是見❷、如是信解❸，不生法相。須菩提，所言法相者，如來說即非法相，是名法相。」

 註釋

❶ 如是知：如此認知。此指不住於相，不住於色、聲、香、味、觸、法。

❷ 如是見：如此為見。此指度化眾生而不見一眾生得滅度者。

釋迦三尊圖　元代佚名

《大方廣佛華嚴經》載有於娑婆世界教化眾生的三位佛與菩薩，即釋迦牟尼佛法身、以智慧聞名的文殊菩薩、以大行聞名的普賢菩薩，合稱為「釋迦三尊」，又稱為「華嚴三聖」。圖中左側為從山上緩步而下的釋迦牟尼佛法身，右側則為文殊菩薩與普賢菩薩。

❸ 如是信解：如此信解。此指瞭解實無定法可說，佛陀所說之法皆不可取、不可說。

譯文

（佛陀言）「須菩提，凡是發無上正等正覺心的人，對於一切佛法應如此認知、如此為見、如此信解，且心不執著於法相。須菩提，我所說的法相，並不是真實存在的法相，只是萬法的名相罷了。」

賞析

此章教導世人不生妄知、妄見，也就是遠離一切空相，不執著於一切妄知、妄見。不住有限的知、不住有限的見，才能得到真如覺性的真知、真見，達到無所不知、無所不見的境界。是以，此章便稱為「知見不生分」。

「知」與「見」皆為世人之妄心所生出的覺知、見聞，當世人未能降伏其妄心，執著四相、外境時，便會生出妄知、妄見、邪知、邪見。所以，佛陀便告訴世人應當遠離一

—— 銅鎏金佛坐像　明代文物 ——

此佛像面頰豐腴，眉眼細長，表情慈祥。內著長裙，腰繫腰帶，外罩僧衣，雙手結禪定印，雙足交盤坐於蓮花座上。此佛像頭部比例較大，胸前雖略有起伏以呈現肌膚彈性，但手指和腳掌扁平，衣紋走向亦趨格式化，配上寬正的肩膀，或為晚明之作。再加上，布料邊緣有陰刻紋飾帶，可能與藏式造像的裝飾手法有關，反映自元以來，藏傳佛教對中國的影響。

金
剛
經

切相，不執著於我相、人相、眾生相、壽者相。以上四相屬於「心外」的執著，「心內」的執著則為此章所提到的我見、人見、眾生見、壽者見。佛陀再進一步強調世人應降伏自己對於四相的妄心，同時也要消除內心的妄念。

而佛陀說法時，常會提到我見、人見、眾生見、壽者見的概念，這是不是就代表佛陀內心存有我見、人見、眾生見、壽者見的執著呢？其實，一旦世人會如此思考，那就是不瞭解佛陀所說的義理了。因為佛陀談及我見、人見、眾生見、壽者見，只是為了說法方便而談，即為讓世人更容易瞭解佛陀深意所假借的名稱而已。事實上，佛陀內心早已超脫我見、人見、眾生見、壽者見的執著。

凡是發無上正等正覺心的人，對於一切佛法應該有「不執著於佛法名相」的認知，並加以相信、瞭解。因為一切佛法，雖然有其名相，但全是緣起性空的。所以，佛陀才要世人覺悟佛法的真義，不執著於佛法的名相。

第三十二章

應化非真分

夢幻泡影一切法，如露如電如是觀
一切天人阿修羅，信受奉行大歡喜

原文

「須菩提，若有人以滿無量阿僧祇世界七寶持用布施；若有善男子、善女人，發菩提心❶者，持於此經，乃至四句偈等，受持、讀誦、為人演說，其福勝彼。云何為人演說？不取於相，如如不動❷。何以故？一切有為法❸，如夢、幻、泡、影；如露亦如電，應作如是觀。」

註釋

❶ 菩提心：指萌生覺悟的心思與念頭，即「成佛之心」。《大方廣佛華嚴經》記載道：「菩提心者，如

—— 禮佛圖　明代文從簡 ——

佛陀點明未來無論在任何地方，只要有人能夠宣說《金剛經》，一切天人、人類、阿修羅都應當前來供養。當知此經所在之處，就等於是佛塔所在之地，都應該恭敬、作禮、圍繞，並以花、香散布其間。

金剛經

219

一切佛法種子。」而發菩提心之人應當具備以下四心——不著我相的大智心、廣修善行的大願心、救眾生苦的大悲心、心存善念的大愛之心。並發以下四弘誓願——眾生無邊誓願度（以大悲為體，所以先說度眾生）、煩惱無盡誓願斷（願一切眾生，皆能斷無盡之煩惱）、法門無量誓願學（願一切眾生，皆能學無量之法門）、佛道無上誓願成（願一切眾生，皆能成無上之佛道）。

❷ 如如不動：意為「常在」，指一切萬事萬物沒有任何變化。此處特指不動心。

❸ 有為法：世間的一切思想、感情、言語與行為。

譯文

（佛陀言）「須菩提，如果有人取填滿無窮盡世界的七寶行布施；假若又有發無上正等正覺之心的善男子、善女人持奉此經，就算只有其中的四句偈等部分，能夠加以受持、誦讀、為他人宣說，其所得之福德便已經勝過

釋迦三尊圖　美國大都會藝術博物館藏
此圖繪釋迦牟尼佛法身、文殊菩薩、普賢菩薩三尊。

前面所說用填滿無量世界七寶布施的人了。那要如何為人演說呢？必須內心不執著於相，不動於心。這是為什麼呢？因為世間一切有為之法，都如同夢境與虛幻一般縹緲，如泡沫和影子一樣沒有自主性，且如朝露及電光一樣短暫，世人應當有這樣的體認。」

原文

　　佛說是經已，長老須菩提，及諸比丘、比丘尼、優婆塞❹、優婆夷❺，一切世間天、人、阿修羅，聞佛所說，皆大歡喜，信受奉行❻。

註釋

❹ 優婆塞：又作烏波索迦、優波娑迦、伊蒲塞。即在家親近奉事三寶、受持五戒的在家修行男居士。與優婆夷（在家修行女眾）同為在家的信仰佛法者。依《佛本行集經》記載，佛陀成道後，在差梨尼迦樹林之中結跏趺坐，這個時候，來自北天竺的提謂和波利兩個商人，以麨（一種將米、麥炒熟後磨粉製成的乾糧）、酪，蜜混合而成的麵團供養佛陀，是為最初的優婆塞。

❺ 優婆夷：又作優婆私訶、優婆斯、優波賜迦。即親近三寶、受三歸、持五戒、施行善法的在家修行女眾。《增一阿含經》列舉，佛陀在世時，以難陀、難陀婆羅（兩位牧牛女。在佛陀修苦行六年、日食一麻，最後捨棄苦行而至尼連禪河沐浴時，以乳糜供養佛陀，讓佛陀身體恢復，終於在菩提樹下悟道）為優婆夷三十人之上首。

❻ 信受奉行：指堅信不移，奉行不悖。

譯文

　　佛陀說解此經完畢，長老須菩提與在座的男僧人、女僧人、男居士、女居士，以及一切世間的天人、世人、阿修羅等，在聽完佛陀所說的佛法以後，內心都充滿歡喜，深信不已、謹守奉行。

賞析

　　此章說明一切萬事萬物都處於變化之中，因此一切法皆不真實，所以此章稱為「應化非真分」。在此章中，佛陀於法會最後念的四句偈語是對整部《金剛經》義理的總結與概括。一切有為法，也就是一切紅塵萬象，全都如夢幻、如泡影、如露水、如閃電一般轉瞬即逝，並且皆變化不居、不真實。若是世人能覺悟此「諸法皆空」之理，也就能看開世俗一切煩惱了。

　　以無數的世界七寶持用布施，雖然數量看起來非常多，但其實只是住相布施而已。若能行無住相布施，如此所得之福德才是真正不可

金
剛
經

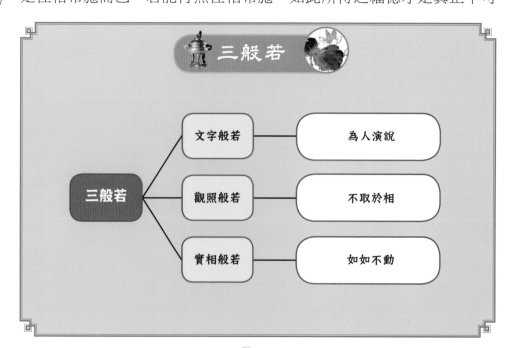

三般若

三般若
- 文字般若 —— 為人演說
- 觀照般若 —— 不取於相
- 實相般若 —— 如如不動

思量、無可比較的。若受持《金剛經》般若智慧之人，能理解其中義理、讀誦經文，並且念念在心，永不忘記，這僅為自利而已。倘若在受持、誦讀之外，還能為他人宣說此經，就能成就利他的功德。而此自利利他的功德更遠遠勝過無住相布施之人。

最後，佛陀以「三般若」作結，何謂「三般若」？即文字般若、觀照般若、實相般若。

文字般若，指從佛教經典中，觀透的一切有關宇宙人生的特殊見解，也就是透過文字所獲得的一切見解，即此章的「為人演說」一語；觀照般若，則以文字般若為根據，對宇宙人生進行觀照，也就是以見解來觀察、理解宇宙人生，從而培養一種透視宇宙人生的能力，即此章的「不取於相」一語；實相般若，指隨著觀照般若能力的提升，心中一直潛伏著的特殊智慧被引發，從而徹底洞見宇宙人生的究竟實相，即此章的「如如不動」一語。

《金剛經》便是希望世人能發心修行，不再受到任何世俗的功名利祿所迷惑，從而覺悟成菩薩，以至成佛。而修習佛法要依「信、解、行、證」次第而行，即先心生信心，再依文解義，並進一步解悟，以證得佛果。此修習功夫須由自身做起，從生活中的每一件小事做起，從現在做起。

金剛經

　　心為萬法之始、眾義之宗,《大般若經》的畢竟空與《心經》的諸法空相皆以真心為根源。《心經》的目的就是要讓世人捨妄求真,向自身本有的內心探求,令般若智慧萌芽,進而開花結果,覺悟無上正等正覺。

　　《般若波羅蜜多心經》的經題即是希望世人依照般若妙法修行,從而度脫煩惱的生死苦海,達到究竟安樂的涅槃彼岸,最終親證不生不滅之真心實相。

漫談心經

＊關於心經
＊經題涵義
＊經書緣起
＊譯者介紹
＊心經詳說

關於心經

《心經》，全稱為《般若波羅蜜多心經》，是所有佛經內被翻譯次數最多，譯成文種最豐富，且最常被世人朗讀、背誦的經典。其譯註版本甚豐，而以漢傳佛教法相唯識宗創始人玄奘的翻譯版本最為常見，總計有二百六十字。

玄奘所譯之《心經》言簡義豐、博大精深、提綱挈領，直明第一空諦，展現般若學的精髓，便於大乘佛教出家或在家習佛之人日常背誦。

佛陀於二轉法輪時曾為世人說法，藉由自身對空性的認知，說明煩惱是可以斷除的，並解釋從色法到一切法皆為空，一切法皆無自性，這些說法內容皆由佛陀弟子記錄為般若部經書。

唐代時，高僧玄奘將所有般若部經書譯為《大般若經》（全稱《大般若波羅蜜多經》），並翻譯出流傳最

玄奘法師圖　日本東京國立博物館藏

《心經》，是所有佛經內被翻譯次數最多，譯成文種最豐富，且最常被世人朗讀、背誦的經典。其譯註版本甚豐，而以唐代高僧玄奘所譯之《心經》為流傳最廣的版本。

廣的《心經》。而《心經》的內容實為《大般若波羅蜜多經》的般若智慧濃縮，也可以說《心經》就是所有般若部經書的精髓，一切般若智慧的精義都涵蓋在此短短兩百六十字當中。

《心經》所記錄的佛陀說法發生於靈鷲山中部，當時的佛陀受眾弟子所圍繞，他便藉機向眾弟子說法。此次說法以空性為主，告誡弟子應專注觀修，而照見五蘊皆自性空，並強調五蘊乃至十八界萬法，皆與諸法空相實乃不異之中道。

經題涵義

《心經》，全稱為《般若波羅蜜多心經》，此經題為玄奘所譯。此八字為此經的總題，前七字是別題，後一字是通題。

《心經》經題稱「般若波羅蜜多」，是希望世人能透過文字聞修而親證般若智慧，超越生死輪迴，到達不生不滅的解脫境界。

心，原義為「心臟」，在此為「心要」或「心髓」之義。

佛祖圖　民國王震

《心經》的「心」，除了意為般若部經書《大般若經》的心髓，闡釋《大般若經》的中心思想、真空妙理，也因為修佛即是為了照見自心佛性，所以取名為《心經》。

因般若為諸佛之母，此經又是般若部經書《大般若經》的心髓，不但表示《大般若經》的中心思想，同時闡明般若真空的妙理，可以說是般若部經書的核心。

除此之外，也可以指真心。心為萬法之始、眾義之宗，《大般若經》的畢竟空與《心經》的諸法空相亦皆以真心為根源。《心經》的目的就是要讓世人捨妄求真，向自身本有的內心探求，令般若智慧萌芽，進而開花結果，覺悟無上正等正覺。

《般若波羅蜜多心經》的經題即是希望世人依照般若妙法修行，從而度脫煩惱的生死苦海，達到究竟安樂的涅槃彼岸，最終親證不生不滅之真心實相。

經書緣起

佛陀成佛後，在鹿野苑宣說萬般佛法。其中主要講述空性與慈悲

大般若波羅蜜多經　美國檀香山藝術博物館藏

唐代高僧玄奘將六百五十七部經書中的所有般若經譯為《大般若波羅蜜多經》，共計六百卷，分成十六會。而《心經》則為其所譯之《大般若波羅蜜多經》的濃縮精要。

的佛法，後來編為般若部經書，又可統稱為「般若經」。印度貴霜王朝時，般若經在南印度廣為流行，後來普及至北印度，並經西域于闐國傳入中國。

最初流傳於中國的般若經是由東漢僧人支婁迦讖譯出的《道行般若經》十卷（又稱《八千頌般若經》），後來曹魏僧人朱士行到于闐國求得《放光般若波羅蜜多經》梵文原本（又稱《兩萬五千頌般若經》），交由無羅叉和竺叔蘭共同翻譯。

此後，這兩種般若經分別經由許多人翻譯，最著名的便是鳩摩羅什於所譯之《大品般若經》（兩萬五千頌本）和《小品般若經》（八千頌本）。鳩摩羅什還將《大品般若經》與《小品般若經》題名為《摩訶般若波羅蜜經》。

唐朝時期，高僧玄奘由長安出發前往天竺取經，歷經十七載祁寒暑雨，終於將

唐太宗立像　台灣國立故宮博物院館藏

玄奘西行取經畢，於貞觀十九年返回中國，唐太宗曾熱烈迎接，甚至時常「逼勸歸俗，致之左右，共謀朝政」。

229

六百五十七部佛經帶回中土，並加以翻譯。

唐高宗龍朔三年，玄奘將六百五十七部經書中的所有般若經譯為《大般若波羅蜜多經》（簡稱為《大般若經》），共計六百卷，分成十六會。內容除了包含《大品般若經》與《小品般若經》之外，還有佛陀於靈鷲山、給孤獨園等處講法的內容。玄奘並譯出《心經》，共計二百六十字，為《大般若波羅蜜多經》的濃縮精要。

譯者介紹

玄奘，俗名陳禕，是為漢傳佛教史上最偉大的譯經師之一，與鳩摩羅什、真諦、不空並列為中國佛教史上四大翻譯家，且為法相唯識宗創始人。

隋文帝仁壽二年，玄奘於洛州緱氏縣（今河南省偃師市）出生。少時因家境困難，跟隨二哥陳素（號長捷法師）居於淨土寺，學習佛經五年，於此期間主要學習聲聞乘和緣覺乘。

日本人十一面觀音圖　台灣國立故宮博物院館藏

漢傳佛教對外影響最大的國家之一當屬日本。自隋煬帝大業三年起，日本便開始遣使赴中國。在玄奘西行取經歸來後，其所譯佛經亦傳至日本。

十一歲時，玄奘便已熟讀《妙法蓮華經》、《維摩詰經》。十三歲剃度出家，聽人講說《涅槃經》，執卷閱讀之後愛不釋手，直到廢寢忘食的地步；並將《攝大乘論》一次讀完，再覽無遺。

隋煬帝大業末年，玄奘向長捷法師提議一同前往唐朝首都長安參學，後得知當時名僧多在四川蜀地，所以轉而建議同往成都。至成都後，玄奘曾聽寶暹講《攝論》、道基講《雜心論》、惠振講《八犍度論》。五年即究通諸部，聲譽大著。

唐高祖武德七年，玄奘離開成都，到荊州天皇寺講說《攝論》、《雜心》，淮海一帶的名僧皆聞風而來。講畢即北上尋覓高僧為師，學習外國語文和各宗派佛學，很快便窮盡各家學說。其才能倍受稱讚，聲譽滿京師。

修習諸般佛法以後，玄奘開始感到各地所說不一，特別是當時流行的攝論宗（後併入法相唯識宗）、地論宗兩家，有關法相之說多有乖違。再加上，玄奘渴望得到涵蓋佛教學說的《瑜伽師地論》以

玄奘與弟子　美國大都會藝術博物館藏

《大唐大慈恩寺三藏法師傳》記載：幼年玄奘人品高貴、智慧聰明、個性獨立，在八歲那年，其父親陳惠為他講授《孝經》。當玄奘聽到「曾子避席」時，忽然整理衣服並站起來，陳惠問玄奘為什麼突然起身，玄奘回答：「曾子聽聞老師教誨便起身聆聽，今天我要奉行家訓，怎麼還能坐著呢！」父親陳惠很高興，認為這個孩子將來一定有所成就，還特別召告族人宗親這件事。

求融匯貫通，於是決心前往天竺求法。不過，由於得不到朝廷發放的過所（指古代經過邊關所用的憑照），一直未能成行。

　　唐太宗貞觀三年，玄奘毅然決然從長安私自出發，冒險前往天竺。他沿著西域諸國越過帕米爾高原，在異常險惡困苦的條件下，終於到達天竺。在天竺時，玄奘請教過許多高僧，曾於當時著名的佛教中心那爛陀寺，向該寺的住持戒賢法師學習《瑜伽師地論》等經典，他還曾將整個南亞大陸徒步考察一遍。

　　貞觀十九年，玄奘帶著六百五十七部佛經回到長安，受到唐太宗的熱烈歡迎。在唐太宗的大力支持下，玄奘在長安設立譯經院，花了十幾載將帶回來的大部分經書譯成漢語。這些佛經後來也從中國傳往朝鮮半島、越南和日本等地。

————— 釋窺基法師像　美國大都會藝術博物館藏 —————

　　釋窺基法師，俗姓尉遲，字洪道，諱窺基，別名慈恩大師、三車法師，京兆長安人，唐代法相宗大師，為玄奘大師之徒。傳說窺基法師奉旨成為唐太宗替身，剃髮出家為玄奘法師的弟子。後從玄奘學習梵文，翻譯佛經。其著述甚多，有《法華經玄贊》、《彌勒上生經疏》、《成唯識論述記》、《瑜伽論略纂》等，時稱「百部論主」。圓寂之後，葬於玄奘塔側。

經 心
說 詳

般若波羅蜜多心經

觀自在菩薩行深般若波羅蜜多

時照見五蘊皆空度一切苦厄舍

利子色不異空空不異色色即是

空空即是色受想行識亦復如是

舍利子是諸法空相不生不滅不

垢不淨不增不減是故空中無色

無受想行識無眼耳鼻舌身意無

色聲香味觸法無眼界乃至無意

識界無無明亦無無明盡乃至無

老死亦無老死盡無苦集滅道無

智亦無得以無所得故菩提薩埵

依般若波羅蜜多故心無罣礙無

罣礙故無有恐怖遠離顛倒夢想

究竟涅槃三世諸佛依般若波羅

蜜多故得阿耨多羅三藐三菩提

故知般若波羅蜜多是大神咒是

大明咒是無上咒是無等等咒能

除一切苦真實不虛故說般若波

第一章

總持分

自在修行得見性，功夫日久自清淨
時時觀照五蘊空，悟本無我度苦厄

原文

　　觀自在菩薩❶，行❷深般⟨ㄅㄛ⟩若⟨ㄖㄜˇ⟩波羅蜜多時，照見五蘊❸皆空，度一切苦厄❹。

註釋

❶ 觀自在菩薩：能自在生死、救度眾生的高士。觀：觀察、觀照。自在：不受外界任何事物影響、不考慮自己個人的利害得失，以慈悲心廣度眾生。

❷ 行：為「用」之義。

❸ 五蘊：又譯為五陰、五聚、五眾、五受陰，意為「積增聚合」，指人類存在的基本要素。佛教稱此五種基本元素為五蘊，即色蘊、受蘊、想蘊、行蘊、識蘊。《阿

―――― 玉菩薩像　元代佚名 ――――

　菩薩，意為「覺悟」，全稱為「菩提薩埵」，菩薩得以自覺覺他、自他兼利，上求佛道以自覺，下化眾生以覺他。

毘達磨大毘婆沙論》記載：「何故名蘊？蘊是何義？……聚義，是
蘊義；合義，是蘊義；積義，是蘊義；略義，是蘊義；若世施設，
即蘊施設；若多增語，即蘊增語。」

❹ 苦厄：身心的苦痛與災厄。

譯文

　　觀照自己內心而獲得自在解脫的菩薩，當其般若智慧產生作用時，
能觀照並洞見萬物色相、感受、思想、行為、心識等五種要素的本質
皆是空的，且並非實體的存
在，更得以脫離一切的苦痛
與災厄。

賞析

　　本章為《心經》的總
綱，總一切法，持無量義，
是以稱為「總持分」。《心
經》的一切義理，乃至整個
佛法的義理，都包括在這四
句之內，以下各章皆為本綱
領的闡述與解說。

——— 觀自在菩薩圖　日本河鍋曉齋 ———

　　有一說為：觀自在菩薩即民間信仰中常見的觀世音菩薩。觀世音菩薩以慈悲心
著稱，世間眾生無論遭遇何種災難，只要心念其名，觀世音菩薩就會尋聲而往，助
其離苦得樂，故又被尊稱為「大慈大悲觀世音菩薩」。

開頭便率先舉出觀自在菩薩，表明修行之人須以成為觀自在菩薩為修行目標。那什麼是觀自在菩薩呢？觀自在菩薩，指觀察自我身心和外在現象後，超脫世俗煩惱、生死輪迴，進而廣照眾生的大菩薩。那要如何才能成為觀自在菩薩呢？首先，我們要先瞭解「觀」是修行之法，「自在」則為修行的成果。所謂「觀」，就是透過實際觀察自己的身心與外在事物，進而明瞭身心、事物的本質。所謂「自在」，則是在進行觀照之後，進而達到解脫一切煩惱與輪迴的境界，並且可以觀照芸芸眾生，助眾生求得自在解脫。而能做到「自在」的修行者，就得以成為菩薩。

菩薩，為「菩提薩埵」之簡稱。菩提，原義為「覺悟」，指瞭解事物的本質，除卻人生種種煩惱與痛苦、超脫生死輪迴。薩埵，原義為「有情」，指一切有意識、感情、覺知的生命。菩提薩埵，合稱為「覺

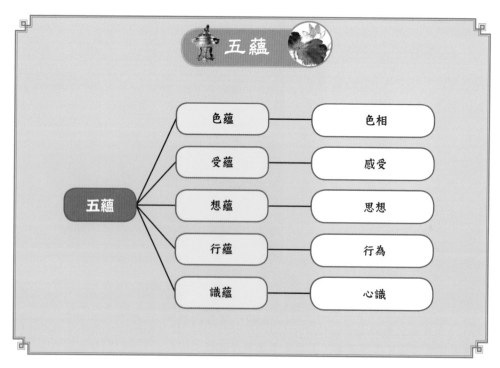

有情」，具有三個涵義：一是自覺，即已經覺悟的有情眾生；二是覺他，能覺悟有情眾生，菩薩以慈悲心化導有情眾生，使有情眾生得以覺悟，共赴彼岸；三是自覺覺他，上求佛道以自覺，下化眾生以覺他。

　　本段接著再點出觀自在菩薩的修為——行深般若波羅蜜多時。行，解作「用」，指產生作用。般若，本義為「超越的智慧」。深般若，指修行者不僅能觀照自我，還能進一步觀照有情眾生，並擴及萬事萬物。修行者在達到深般若之境時，即可從生死輪迴的此岸救度到自在解脫的彼岸，即「波羅蜜多」。波羅蜜多，原意就是「到彼岸」。那何為彼岸呢？就是沒有煩惱和苦痛、超脫生死輪迴的狀態，即「涅槃」。而修行的目標就是為了從充滿煩惱和苦痛、生死輪迴的此岸，救度到沒有生命中種種煩惱與苦痛、不再進入下一世六道輪迴的涅槃彼岸。

　　觀自在菩薩在行深般若波羅蜜多之時，就能夠照見五蘊皆空。那五蘊皆空又是什麼呢？若想要

釋迦牟尼佛涅槃圖　美國克利夫蘭藝術博物館藏

　　此幅圖畫描繪了釋迦牟尼佛從凡人到永恆存在的涅槃過程。在滿月下的夜晚，佛陀躺在一個巨大的平台上，他的右手放在頭頂。周圍圍繞著眾多追隨者，他們表情各異，或者悲傷，或者好奇，或者平靜，還有許許多多的菩薩，以及各種動物。

瞭解「五蘊皆空」，就必須先認識「五蘊」是什麼。五蘊，為人存在的基本要素，涵蓋色蘊、受蘊、想蘊、行蘊和識蘊。

色蘊，舉凡一切萬物色相，包含所有物質與環境，由地、水、火、風所構成；受蘊，因色蘊引起的感受、知覺，例如喜歡、討厭、痛苦、快樂、無感等；想蘊，內心對所處環境、自身遭遇產生的想法；行蘊，受想法驅使或不自覺產生的行為；識蘊，指人的認知、思考、判斷等能力。

那在瞭解五蘊之後，接著，就要瞭解「空」的涵義。空，是對「有」的否定，是從生滅現象的觀照而來。所謂此生故彼生——煩惱起，生、老、病、死生；此滅故彼滅——煩惱滅，生、老、病、死滅。有生有滅，生滅無常，便是空。因此，當觀自在菩薩知曉萬事萬物皆空以後，便得以擺脫一切苦痛、災厄、煩惱，達到修行的最終目標——涅槃。

第二章

色空分

色身法身緣起空，二身性相本一如
迷人執有一切相，悟者明心遣兩空

🪷 原文

舍利子❶，色❷不異❸空，空不異色；色即是空，空即是色。受、想、行、識❹亦復如是。

註釋

❶ 舍利子：指以「智慧
第一」著稱的佛陀大
弟子，又常譯作「舍
利弗」。「舍利」為
梵語，為其母親之名；
「子」為中文，合起
來即指舍利的兒子。
在藏傳佛教中，舍利

—— 高會習琴圖　宋代李公麟 ——

李公麟，號「龍眠居士」，擅畫人物、佛道像，吸取歷代流派之長，獨樹一格。多用線描，筆法如行雲流水，生動地表現人物的神情意態。此圖為李公麟自繪其習琴情狀，琴之聲優美動人，一旦停止演奏，悅耳的琴聲就不復存在了，由此可見聲塵轉瞬即逝。

心經

子與被稱為「神通第一」的目犍連，往往被雕塑於佛陀身旁，隨侍在側，並同佛祖接受供養、膜拜。雕塑中常見舍利子騎乘或腳踏一頭獅子，是為佛教智慧的象徵。

❷色：指色蘊，又譯為色受陰。《雜阿含經‧六一經》記載：「云何色受陰？所有色，彼一切四大，及四大所造色，是名為色受陰。」《雜阿含經‧四六經》記載：「若可閡可分，是名色受陰。何所閡？若手、若石、若杖、若刀，若冷、若暖、若渴、若飢，若蚊、虻、諸毒蟲、風、雨觸，是名觸閡。是故，閡是色受陰。」

❸異：差距、差別。

❹受、想、行、識：指受蘊、想蘊、行蘊、識蘊，又譯為受受陰、想受陰、行受陰、識受陰。《雜阿含經‧四六經》記載：「諸覺相是受受陰。

七佛圖　宋代李公麟

此圖繪釋迦牟尼及其成佛之前悟得正覺的六位佛尊，為時間最靠近今日的七位佛陀，常稱為「七佛」，又名「過去七佛」。依次為毗婆尸佛、尸棄佛、毗舍浮佛、拘留孫佛、拘那含牟尼佛、迦葉佛、釋迦牟尼佛。

何所覺？覺苦、覺樂、覺不苦不樂，是故名覺相是受受陰……諸想是想受陰。何所想？少想、多想、無量想，都無所有，作無所有想，是故名想受陰……為作相是行受陰。何所為作？於色為作，於受、想、行、識為作，是故為作相是行受陰……別知相是識受陰。何所識？識色，識聲、香、味、觸、法，是故名識受陰。」《雜阿含經・五八經》記載：「世尊！何因何緣？名為色陰，何因何緣？名受、想、行、識陰。佛告比丘：四大因，四大緣，是名色陰，所以者何？諸所有色陰，彼一切悉皆四大緣，四大造故；觸因、觸緣，生受、想、行，是故名受、想、行陰，所以者何？若所有受、想、行，彼一切觸緣故；名色因、名色緣，是故名為識陰，所以者何？若所有識，彼一切名色緣故。」

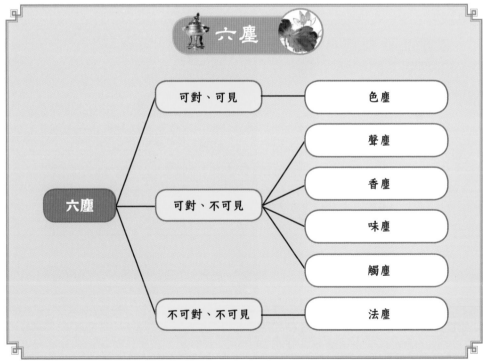

譯文

舍利子，萬物色相都不是真實的存在，都不外乎是因緣相互依存的生滅關係，所以萬物色相與空之間並無差別。空與萬物色相在本質上也並無不同，是以空與萬物色相之間也並無分別。當菩薩以般若智慧觀照萬物色相時，就可以徹見萬物色相皆空，而空也就是萬物色相的本質。感受、思想、意志、心識同樣也是如此。

賞析

本章主要探討「色」與「空」二者之間的關係，是以稱此章為「色空分」。

從此章開始的經文為佛陀針對其大弟子舍利子提問的回應，是以章首即點出舍利子之名，可看出《心經》源自《大般若波羅蜜多經》的痕跡。

而以「智慧第一」著稱的佛陀大弟子舍利子為《心經》

荷亭奕釣仕女圖　五代周文矩

此圖繪亭榭臨池，前後碧柳四垂，二女亭中對奕。亭外池荷盛開，翠葉田田。仕女或倚欄垂釣，或持扇觀荷，一派夏日悠閒之景，呈現人世聲色之象。

的當機者。所謂「當機者」，即指問法之人。特別的是，佛經的當機者時常不是為了自身求知、解惑而發問的，而是替眾生發問，藉此將佛陀的智慧傳達給眾生。

在此章節中，佛陀便藉由舍利子的提問說法，首先說明「色不異空、空不異色；色即是空，空即是色」，表明一切有形、有窒礙的物質（即「色蘊」）皆沒有永恆不變的自我，因此與沒有自性、沒有自我的空性並沒有差別。此處的色蘊指的是，舉凡一切萬物色相，包含所有物質與環境，由地、水、火、風四種元素所構成。

而人在外在物質和環境之中所接觸到的對象，總稱為「六塵」，包括色塵、聲塵、香塵、味塵、觸塵、法塵六種。

六塵又可分為三種：第一種為可對、可見之色。可對，指人可以面對、接觸到的。可見，則指人眼所看見的

彌勒菩薩像　美國克利夫蘭藝術博物館藏

彌勒菩薩，意譯為慈氏，是釋迦牟尼佛的繼任者，將在未來娑婆世界降生成佛，成為娑婆世界的下一尊佛，在賢劫千佛中將是第五尊佛。彌勒菩薩被唯識學派奉為鼻祖，其龐大思想體系以《瑜伽師地論》為代表，深受中國佛教大師道安和玄奘的推崇。在佛教中，彌勒菩薩還具有慈悲、忍辱、寬容與樂觀等象徵意義。

物質與現象。色塵，即是屬於第一種可對、可見。諸如長短方圓、青黃赤白、男女老少、山河大地、草木叢林、飲食起居等，既可看得見，又能接觸感覺得到。

第二種為可對、不可見之色，人的眼睛看不見，卻能感覺得到、接觸得到，例如耳朵所聽到的聲音、鼻子所聞到的香臭、舌頭所品嘗到的味道、身體所接觸到的觸感，也就是六塵中的聲塵、香塵、味塵、觸塵四種。

第三種為不可對、不可見之色，眼睛既看不見，也接觸不到，例如六塵中的法塵。那何謂法塵呢？也就是色相、聲音、香臭、味道、觸感所形成的「概念」，而概念確實是無法看見，也無法實際碰觸到的。

無論是色蘊或六塵皆非永恆不變，一切萬物總會消逝，種種色相更是短暫、縹緲。除了色蘊外，其餘四蘊（即受蘊、想蘊、行蘊、識蘊），包括一切感受與知覺、內心對所處環境及自身遭遇所產生的想法、受想法驅使或不自覺產生的行為、思考判斷能力，同樣都不是永恆存在的，都是因緣條件的組合，這就是所謂的「緣起性空」。

心

經

第三章

本來兮

有為無為畢竟空，若性執有何生法
生滅垢淨空相無，在聖在凡不增減

原文

舍利子，是諸法❶空相❷，不生不滅，不垢不淨，不增不減。

註釋

❶ 諸法：又作萬法。即「一切法」，指一切存有的集合。又分為兩解：一、指一切有為、無為等萬法，與特指有為法的「諸行」含義不同；此係較為廣義

—— 長生法會圖　宋代佚名 ——

此圖繪佛教長生法會，雲掩寶塔、寶樹，菩薩、諸佛群集。主尊為無量壽佛，其兩腳交疊盤坐於須彌台上。台前繪有往生者合十跪拜，引路菩薩則彎腰禮拜。全圖人物各盡姿態之變化，臉部暈染極具立體感。陪襯的景物綺麗繁縟，構成華美莊嚴的淨土世界。

的用法。二、指一切現象界之諸法，包含心、色上之一切萬法，然如涅槃等無為法則不包含在內。

❷ 空相：沒有真實性的存在狀態。因緣生法，無有自性，即空之相狀。《大智度論》：「因緣生法，是名空相，亦名假名，亦說中道。」另外，在佛典中，性、相二字常為同義字，故亦可作空性。

譯文

舍利子，此一切諸法全都是不真實的存在，既沒有產生或滅亡，也無所謂污垢或清淨，更不會增多或減少。

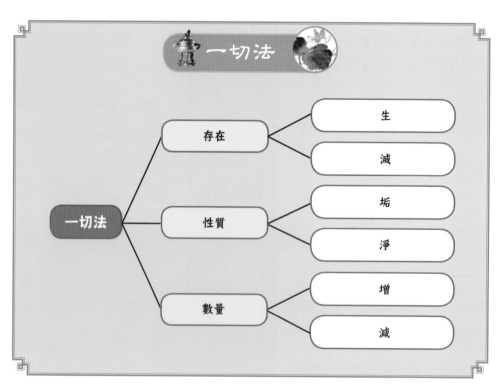

賞析

　　此章將「緣起性空」的適用範圍擴大，不限於色蘊、受蘊、想蘊、行蘊、識蘊五蘊，強調諸法皆緣起性空。諸法，為一切存有的集合，涵蓋世間法與出世間法。世間法，指世間的所有事物和現象。而世間則包含有情眾生的有情世間與眾生居住環境的器世間；出世間則是相對於世間而言，指超出五蘊、生死世間，是一個沒有煩惱的境界。出世間法則指苦的止息，達到不生不滅之境界，即「涅槃解脫」。

　　在此章節中，佛陀表明一切法皆虛妄不實，如夢如幻，如泡如影，全部都是空相。但佛陀又唯恐世人執著於空相，於是接著補充一切法皆是「不生不滅，不垢不淨，不增不減」的。

―――――― **長生佛會圖　清代佚名** ――――――

　　此圖呈現出佛會中眾佛雲集之狀，透過數以百計的佛像，將佛會的盛況表現得淋漓盡致。且眾佛對稱分布，使得場面壯觀卻不凌亂。

那何謂「不生不滅」呢？這是就事物本體存在與否而言。世人常見色蘊、受蘊、想蘊、行蘊、識蘊諸法的實體或現象，就認為諸法都是實有的，諸法有生，有生就會有滅。但世人若能照見五蘊皆空，明瞭「緣起性空」的道理，就能破除所有存在的本質都是固定不變、有實體的「法執」，並打破人類本質是固定不變、有實體的「我執」。因此，世人一旦參透「諸法皆空」之理，就能悟得一切不生，一切不滅。

　　那何謂「不垢不淨」呢？這是就事物性質好壞而言。當人心被煩惱覆蓋、污染時，世人就會認為事物不潔淨；當人心中的煩惱消失時，世人則會認為事物回復潔淨的本質了。但是事實上，事物的本質一直

桃源圖　宋代馬和之

　　此圖繪身處桃源之人自由自在的生活，他們之所以能如此自由自在，便是因為能領悟「諸法空相」之理，從而對萬事萬物都無所執著的緣故。

　　東晉著名文人陶淵明嘗作〈桃花源詩並序〉，記述一位世俗漁人偶然進入與世隔絕的桃花源。爾後，「桃花源」或「桃源」一詞便借指隱居之處或仙境。

都沒有改變，而是人心有無被遮蔽罷了。萬物就像是一面明鏡，當它碰到灰塵、污穢時，就會照出灰塵、污穢的垢相；當它碰到莊嚴、美麗的事物時，就會照出莊嚴、美麗的淨相。但是明鏡本身並無垢淨之別，當眾生體認諸法皆空時，就能明白一切本質無垢，也無淨，這些概念都只是虛妄的幻相而已。

那何謂「不增不減」呢？這是就事物數量多少而言。當月亮升起，映照在江面之上，一江一月，千江就有千月。此時，月亮的數量看似增加了，但在天空中的明月仍是只有一個。以此例可以明白，月亮數量的增加只是幻相罷了，其本身卻無所損益。

「不生、不滅、不垢、不淨、不增、不減」概括了現象界中一切變化——生是存在，滅是消逝，不生不滅即是超越「存在否」的概念；垢是汙染，淨是純淨，不垢不淨即是超越「性質」的概念；增是增加，減是減少，不增不減，即是超越「數量」的概念。而諸法雖有其名，但因其本質皆空，所以一切皆不可得、不可求。既然一切皆空，當然也就沒有生滅、垢淨和增減了。

心經

第四章

法用分

身心根塵識空寂，無明老死本來無
無因無果常樂淨，空無所得無所住

原文

是故，空中無色，無受、想、行、識；無眼、耳、鼻、舌、身、意❶；無色、聲、香、味、觸、法；無眼界❷，乃至無意識界❸；無無明❹，亦無無明盡❺，乃至無老死❻，亦無老死盡；無苦、集、滅、道❼，無智亦無得，以無所得故。

註釋

❶ 眼、耳、鼻、舌、身、意：為眼根、耳根、鼻根、舌根、身根、意根，即「六根」，指人的眼睛、耳朵、鼻子、舌頭、身體、意識六種感官器官。又作六情，指六種感覺器官，或認識能力。根：認識器官之意。即眼根（視覺器官與視覺

──── 菊花廉繡圖　宋代佚名 ────

　　此絲繡圖為深褐色地綾五彩繡，以綠線繡地，全用粗鬆線短針齊繡，繡工精細，設色古樸。菊花盆景居中，頂天立地，構圖奇特。

　　盆中菊花盛開，花莖高挺，花型大且圓潤飽滿，花瓣繁複，蝴蝶與昆蟲圍繞其間，旁列蘭花盆景各一，是以眼根見眼塵。觀後，感此絲繡圖既自然寫實又富裝飾趣味，則為眼識之能。

能力）、耳根（聽覺器官及其能力）、鼻根（嗅覺器官及其能力）、舌根（味覺器官及其能力）、身根（觸覺器官及其能力）、意根（思維器官及其能力）。

❷ 眼界：十八界中，由六根之眼根所產生的境界。

❸ 意識界：在十八界中，由六識之意識所產生的境界。十八界：即眼、耳、鼻、舌、身、意等六根（能發生認識之功能），及其所對色、聲、香、味、觸、法等六境（為認識之對象），以及感官（六根）緣對境（六境）所生之眼、耳、鼻、舌、身、意等六識，合為十八種，稱為十八界。

❹ 無明：十二因緣中的第一因緣，原義為「煩惱」，為一切苦的根本。十二因緣：即無明、行、識、名色、六入、觸、受、愛、取、有、生、老死。

❺ 盡：完結、終止。

❻ 老死：十二因緣的第十二因緣，為年老與死亡兩詞的組合。指輪迴之中，由出生直到生命結束所經歷的一切。

———— 月百姿：達摩　日本明治年間月岡芳年 ————

菩提達摩又作菩提達磨，簡稱達摩，將佛教禪宗帶入中國，為中國禪宗之開創者，被尊稱為達摩祖師。後來的禪宗六祖慧能提到：「菩提本無樹，明鏡亦非台，本來無一物，何處惹塵埃。」精闢地指出「空」的涵義，直指人心、見性成佛。

❼ 苦、集、滅、道：指苦諦、集諦、滅諦、道諦，即「四聖諦」。分別指苦的存在、苦的原因、苦的消滅與滅苦的方法。

譯文

　　所以，在「緣起性空」的本質上，並無物質、感受、思想、意志、心識；也沒有人類用以認識外界的眼睛、耳朵、鼻子、舌頭、身體、意識六種感官器官；沒有感官接觸外在世界所產生的色相、聲音、香臭、味覺、觸覺、概念；也沒有眼根所形成的眼界，乃至於意識所形成的意識界等十八界；沒有過去世中一切苦與煩惱的無明之因，乃至於未來世的老死之果等

— 閒忙圖　宋代馬和之 —

　　此圖為宋代馬和之所繪，恰好可作為白居易之〈閒忙〉一詩的最佳註解，其詩云：「奔走朝行內，棲遲林墅間。多因病後退，少及健時還。斑白霜侵鬢，蒼黃日下山。閒忙俱過日，忙校不如閒。」

　　而人生在世，無論生活是閒是忙，皆是一樣的，總擺脫不了生老病死、因果輪迴的命運。人到老，一切也轉眼成空。這皆因人有念、有想、有執著的緣故，假若世人能領悟「諸法皆空」的道理，想必會有不同的境遇。

十二因緣，也就無所謂無明之因與老死之果等十二因緣的終結；無苦諦、集諦、滅諦、道諦四聖諦；沒有對於智慧與有所求得的執著，只因為無所執著於得的緣故。

賞析

　　此章以「空」為主體，詳細例舉諸法皆空的涵蓋對象。以五蘊為開端，再擴及至人的六大感官器官——眼、耳、鼻、舌、身、意，合稱為「六根」，又作「六內處」。六根會接觸到外在的世界，即「六塵」。如眼睛看到的色相、耳朵聽到的聲音、鼻子聞到的香味與臭味、舌頭嚐到的酸甜苦辣各種滋味、身體碰觸到的冷熱、軟硬、粗滑等觸感、意識接觸到的各種概念，因此六塵又作「六外處」。在六根接觸六塵

清明上河圖（局部）　　宋代張擇端

　　此圖描繪北宋京城汴梁及汴河兩岸繁華熱鬧的世間景象。人在過去世，未能求得自在解脫，就無法脫離輪迴，必定再度進入現在世，經歷人世間各種喜怒哀樂、悲歡離合。

後，又會產生不同的認知及判斷，形成六識，包含眼識、耳識、鼻識、舌識、身識及意識。

六根再產生六根界——眼界、耳界、鼻界、舌界、身界、意界，又稱「六內界」；六塵則產生六塵界——色界、聲界、香界、味界、觸界、法界，又稱「六外界」；而六識分別產生眼識界、耳識界、鼻識界、舌識界、身識界、意識界。六根界、六塵界和六識界合稱為「十八界」，即此章之「無眼界，乃至無意識界」，涵蓋了世間法的一切存有。

接著，佛陀又舉出十二因緣，此為佛陀自修所悟得的因緣連結。十二因緣，即指無明、行、識、名色、六入、觸、受、愛、取、有、生、老死。因果相續無間斷，使人流轉於生死輪迴，無法解脫。十二因緣存在於世人的三世輪迴之中，人的今世，又稱為「現在世」；今生之前，稱為「過去世」；今生之後，則稱為「未來世」。而「無明、行」為過去世之因；

無量壽佛像　宋代陳居中

唐代禪宗慧能大師詩云：「菩提本無樹，明鏡亦非台。本來無一物，何處惹塵埃。」無量壽佛歷經千劫萬難，卻依舊保持鶴髮童顏，即因他無欲無念，不癡心妄想，自然也就不被俗家凡世所糾纏。

「識、名色、六入、觸、受、愛、取、有」是過去世之果，同時也是未來世之因；「生、老死」則為未來世之果。

無明，指過去世的煩惱，為一切苦之根本；行，指過去世的一切善業或不善業，包括身行、口行、心行。過去世的無明、行，會產生現在世的識、名色、六入、觸、受。

識，即六識；名色，指心只有名相而無形質的階段，為人在投胎後，經過五個七日，身體各部分已經長成的狀態；六入，為身體長成（即名色）之後，各種感覺器官和思維功能的形成階段，此時的六根與六塵相接觸，產生執著、貪愛，是以稱為「六入」；觸，為人出生至四歲的階段，在此階段中，六根接觸六塵，但未產生苦或樂等想法；受，從五歲至十三歲，此階段的六根開始能分別六塵的好惡，但未起貪淫之心；愛，從十四歲至十九歲，

觀音圖　清代金禮嬴

圖中的觀音端坐於獅子上，萬獸之王低眉順目，像貓狗一樣溫順。這表示觀音慈悲救苦，普度眾生，連最為兇狠的動物或人也能受到感化洗禮。觀音菩薩的慈悲心腸，就像楊柳枝一樣柔軟溫順，被人們廣為尊崇而千年不朽。

人開始貪圖享樂，但未能廣遍追求；取，人在二十歲之後，貪欲轉盛，到處追求眼塵、耳塵、鼻塵、舌塵、身塵；有，因為追求五塵而引起的善業與惡業。

現在世各種因果牽引出未來世的生與老死。生，指因為現在世的善業與惡業，導致人又進入生死輪迴，再度投胎；老死，指投胎進入未來世之後，五蘊之身又開始慢慢成熟，並漸漸老死。

佛陀接著又說：「無無明，亦無無明盡，乃至無老死，亦無老死盡。」指出當脫離十二因緣所產生的因果輪迴。告誡世人應該明白，沒有十二因緣也就是沒有十二因緣終結的道理，不生不滅，這才能真正地超脫生死輪迴。

那要怎麼解開十二因緣的束縛呢？首先，必須擺脫四聖諦——苦諦、集諦、滅諦、道諦的禁錮。集諦為人受到了貪、瞋、癡三毒的驅使，展開各種追求，漸漸集起各種苦與煩惱（即「苦諦」）。而道諦就是修習消滅貪、瞋、癡三毒的方式，以斷盡苦與煩惱，得到自在解脫（即「滅諦」）。

當人能以般若智慧破除五蘊、十八界、十二因緣、四聖諦的約束，就近於自在了。但是，人又不能執著於求得智慧與自在的境界，是以佛陀又說：「無智亦無得，以無所得故。」能達此境界才是真正的「諸法皆空」。

第五章

果德兮

菩薩常行無住行，心無罣礙故自在
三世諸佛一切眾，一心覺悟果自成

原文

菩提薩埵❶，依般
若波羅蜜多故，心無罣
礙❷，無罣礙故，無有恐
怖，遠離顛倒夢想，究竟
涅槃。三世諸佛❸，依般
若波羅蜜多故，得阿耨
多羅三藐三菩提。

註釋

❶ 菩提薩埵：指覺悟的有
情眾生，常簡稱為「菩
薩」。菩提：原義為「覺
悟」，指已經瞭解事物
的本質，除卻人生種種

心經

人浣月圖　台灣國立故宮博物院館藏

本幅畫明月倚天，皎潔瑩璨，曲欄庭院，虯松蒼鬱，梧桐欣茂，蕉葉挺翠，尚
有芙蓉、蜀葵、雛菊等競吐芬芳，滿園秋意撩人。奇石上，蟠螭瀉水，激盪池中月影。
盛裝婦人受欲求驅使，為幻象所惑，探手欲撈池中月。旁有侍女三人，或臨案焚香，
或捧物，或荷琴。

煩惱與痛苦，超脫生死輪迴之苦。薩埵：原義為「有情」，指一切有意識、感情、覺知的生命。

❷ 罣礙：阻礙不通，亦有「牽掛」之義。

❸ 三世諸佛：乃統稱全宇宙中之諸佛，即過去、現在、未來等三世之眾多諸佛。又作一切諸佛、十方佛、三世佛。

譯文

　　領略最高覺悟的有情眾生，因其般若智慧的緣故，心中無絲毫牽掛、煩惱與障礙；因其心中無罣礙，所以無所害怕與畏懼，因而得以遠離一切真假不明、倒置事理的幻象及其欲想貪念，終達不受煩惱所

苦吟圖　宋代李公麟

　　圖中有三名文士倚坐在几案旁，有人持卷斜倚沉吟，有人持筆苦思，還有人托腮凝視著案上的白卷，充分傳達出因為缺乏靈感，受執著綑綁而不得，以致無法下筆的窘境。

動並且超度生死眾苦的最高境界。而過去世、現在世、未來世三世的一切成佛者，也由於其般若智慧的緣故，得以證得至高無上的智慧。

此章說明人在參透諸法皆空的道理後，能夠達到之境界，以及該境界所能得到的果德。

能自覺覺人的菩提薩埵，依靠般若智慧達到無所求、無所得的境界，他們將一切自我的執著掃蕩清淨，其自心也就成為了清淨的智慧，無處不照，亦無痕跡，正如《金剛經》所提到的：「應無所住而生其心。」有心的功用，卻無心的執著，所以佛陀才會說：「心無罣礙。」既然心無罣礙，自然也就沒有憂悲、恐怖。

二祖調心圖　宋代石恪

此圖表現唐代高僧豐干調心師禪的景象。「高僧本是悠閒客，佛祖膝前坐苦禪。朝去雷音十萬里，夕來紫氣四平川。凌霄大殿清風醉，玉宇樓台雲海觀。睡眼惺忪一猛虎，黃粱夢醒澗中還。」

恐怖，指害怕、畏懼、惶恐、怖畏，由罣礙所生。當世人無法明瞭諸法皆空，存有得失心，就會無時無刻不周旋在罣礙之中。沒有得到的，一心想得到；已經得到的，又害怕失去。人生在世常因心有罣礙，而生恐怖之心，如五怖畏——指不活畏、惡名畏、死畏、惡道畏、大眾威德畏。

不活畏，人們為了衣食住行，終日奔波忙碌，時時為生活而產生的憂心、害怕；惡名畏，唯恐無辜遭人誹謗、非議，落惡名與罵名；死畏，留戀於世間，貪生怕死；惡道畏，恐懼惡道受苦太甚，法執甚重；大眾威德畏，害怕自己有所過失，所以畏縮不敢承擔。

——畫盧仝烹茶圖　宋代錢選——

錢選，擅畫人物、花鳥、山水。元朝初年，有八名才俊，號稱「八俊」，錢選、趙孟頫身在其中。後來趙孟頫登朝為官，人們皆欲攀附趙孟頫謀取官位，只有錢選不執著於富貴名利，未與之合流。

此圖為錢選繪出唐代盧仝與童子同坐芭蕉樹下烹茶的情景。盧仝淡泊名利，隱居於少室山，不願出世為官。錢選的此幅圖，便能看出他看淡一切俗世紛擾、罣礙恐怖的想法。

當世人真能心無罣礙，解脫人世恐怖，那就得以遠離顛倒夢想。此處的「遠離」非指距離之遠，而是永遠地離開、離棄。顛倒，即相反、倒置，在此有真假不明、倒置事理之義，例如以無常為常，以苦為樂，以無我為我，以不淨為淨。顛倒是從無明煩惱引起的，人的煩惱皆因缺少般若智慧而生，也就是從顛倒夢想而生。世上的一切事物本非實有，只因顛倒夢想，世人才會誤以為一切事物為實有。於是世人常貪愛取著，追逐不捨，造作幻業，而受虛幻的生死所束縛，受盡虛幻的痛苦卻不自覺。

佛門有十法界，除佛界以外，其餘九界都稱為眾生，各有其顛倒夢想：人道做富貴名利夢；天道做安逸快樂夢；阿修羅做爭強好勝夢；地獄道做受苦受刑夢；餓鬼道做忍饑挨餓夢；畜生道做吃苦耐勞夢；聲聞乘做有餘涅槃夢；緣覺乘做獨善其身夢；菩薩做上求佛道，下化眾生，究竟成佛的夢。而佛呢？其大夢已覺，究竟無夢。

釋迦牟尼佛涅槃圖　唐代吳道子

此圖描繪釋迦牟尼佛從降入人間到圓寂的八相事跡中之涅槃（圓寂）。示現成道講經後的佛陀，右手墊在頭下，頭北面西，並起兩腳，躺在娑羅樹下的寢台上，靜靜地等候臨終的時刻。構圖以佛陀為中心，人物呈放射狀，布勢雄偉，人物眾多，神貌各異，設色濃妍。

所以，欲達佛之境界，首當斷「得」，所以在《心經》第四章中，佛陀才會說：「以無所得故。」只因如此，方能遠離顛倒夢想，究竟涅槃，除卻人世種種煩惱與痛苦，從此不再進入輪迴之中。

當菩薩能以般若智慧遠離一切顛倒夢想，領會最高覺悟（即「阿耨多羅三藐三菩提」），那便得以成佛。過去世、現在世、未來世三世諸佛也都是因為般若智慧，證得阿耨多羅三藐三菩提，最終到達涅槃彼岸。

大悲觀音像　唐代范瓊

此圖中的觀音菩薩頭戴寶冠，寶冠中繪阿彌陀佛，在青色蓮台上結跏趺坐。他有三隻眼睛、四十二隻手，每隻手掌中間還畫了一隻眼睛，是為千手千眼觀音（又稱大悲觀音）。

第六章

證知分

般若智慧自性起，真實般若不虛假
自性心量不思議，此咒除苦無能比

原文

故知般_{ㄅㄛ}若_{ㄖㄜ}波羅蜜多，是大神咒❶，是大明咒❷，是無上咒❸，是無等等咒❹，能除一切苦，真實不虛。

註釋

❶ 大神咒：指般若智慧擁有極強大的力量，可以驅除眾生之煩惱與苦難。

❷ 大明咒：指般若智慧擁有光明的力量，可以破除眾生之愚癡無明。

❸ 無上咒：指般若智慧為至高無上的法門。

❹ 無等等咒：指沒有其他法門能與般若智慧相提並論。

———— 補衲圖　宋代劉松年 ————

在此圖中，兩名僧人坐於禪榻上，老者正潛心補衣，另一人則抱膝旁觀，屏後有侍者二人，侍立捻茶。畫中人物之表情自然鮮活，用筆流暢有力。宋代羅漢畫常見僧侶的日常活動，而此圖描繪僧人補衣，亦可歸入羅漢畫之類。

譯文

因此，得以知曉般若波羅蜜多有著不可思議的力量，能破除一切愚癡無明，且至高無上，沒有其他法門能與之相等，不僅能除卻一切苦痛與災厄，還是真實不虛的。

賞析

此章內容不同於《心經》前五章，皆出自於《大般若經・觀照品》，所以本章並非佛陀對舍利子的說法內容。玄奘特別摘取此段內容，為的就是作為前五章的總結，讓世人證得並知曉般若波羅蜜多的重要性。

透過前五章可以明瞭，「照見五蘊皆空」的先決條件就是「行深般若波羅蜜多」，而「五蘊皆空」又為「諸法皆空」的基礎，「般若波羅蜜多」也就成為了「諸法皆空」的根本。因此，本章言明般若波羅蜜多「是大神咒，是大明咒，是無上咒，是無等等咒」，讚嘆般若波羅蜜多的重要性。

咒，梵語為「陀羅尼」，原義為「總持」、「能持」、「能遮」。總持，謂總一切功德，持無量義理。能持，指能保存無量的內容。能遮，則謂具有無量神變不思議的功能。而陀羅尼又

歲華紀勝圖：浴佛　明代吳彬

此冊描繪一年十二勝景，於篆書標題下皆有吳彬鈐印，共包含元夜、鞦韆、蠶市、浴佛、端陽、結夏、中元、玩月、登高、閱操、賞雪、大儺。畫中景物細膩生動，山林造型奇特、設色淡雅，顯現纖麗巧態。全冊以時序活動為主題，構景多描繪江南景觀。而其中的寺院浴佛，也與明人生活逸事相互呼應，顯見佛教在當時明朝的影響力。

264

可分為法陀羅尼、義陀羅尼、咒陀羅尼、忍陀羅尼四種。

　　法陀羅尼：由真理的智慧產生的金石良言，法陀羅尼不但包含絕對的真理，同時具有特殊的功德，能令人改邪歸正，止惡向善，反迷為悟，成就無量功德。由於佛與菩薩能持守不忘，歷久不失，所以又名「聞持陀羅尼」。義陀羅尼：一切法的義理與功能，令人能夠理解佛法所詮釋的義理，無不明瞭，而且一旦理解便永存於心。由於義陀羅尼可以知善惡、分邪正、辨是非、明因果，又名「分別陀羅尼」。

　　咒陀羅尼：為含有盡無量功德的話語，可消災解難。由於佛與菩薩能總持咒陀羅尼之效，又名「總持陀羅尼」。忍陀羅尼：成就堅固不拔的意志與堅絕不動的定力，並且能不斷精進其般若智慧。由於聽聞何事都能安忍不動其心智，又名「入音陀羅尼」。

　　在瞭解「咒」的涵義後，接著來看此章所言之四咒。大神咒，意

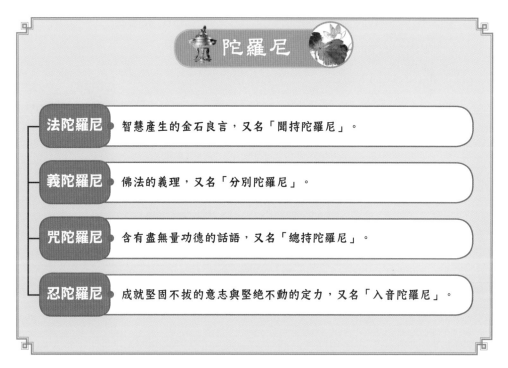

陀羅尼

法陀羅尼	智慧產生的金石良言，又名「聞持陀羅尼」。
義陀羅尼	佛法的義理，又名「分別陀羅尼」。
咒陀羅尼	含有盡無量功德的話語，又名「總持陀羅尼」。
忍陀羅尼	成就堅固不拔的意志與堅絕不動的定力，又名「入音陀羅尼」。

謂般若波羅蜜多不可思議的極大神秘力量；大明咒，意謂般若波羅蜜多能破除一切愚癡無明；無上咒，意謂般若波羅蜜多為最高、至上的法門；無等等咒，意謂般若波羅蜜多是無可相比的。

除了讚嘆般若波羅蜜多的重要性之外，此章亦說明了般若波羅蜜多的功用，即般若波羅蜜多能夠除卻一切苦厄，呼應《心經》首章所說的「度一切苦厄」，並且強調般若智慧能帶領眾生抵達涅槃彼岸。

而此章就是為了啟發眾生的般若智慧，破除顛倒夢想，消滅世間業障，斷除生死苦因。令世人真真實實地脫離一切痛苦，究竟涅槃。

第七章

秘密分

揭諦揭諦心常念，到得波岸無障礙
若依此經自修行，自悟自證無上道

原文

故說般若（zㄜ）波羅蜜多咒，即說咒曰：「揭諦❶揭諦，波羅❷揭諦，波羅僧❸揭諦，菩提薩婆訶（zㄜ）❹。」

註釋

❶ 揭諦：去、度，指到達彼岸。
❷ 波羅：到彼岸。
❸ 僧：為「眾」之義，指眾生。
❸ 薩婆訶：意為「大圓滿」、「大成就」。

譯文

因此要常念般若智慧密咒，即常念以下密咒：「揭諦揭諦，波羅揭諦，波羅僧揭諦，菩提薩婆訶。」

———— 無量壽佛緙絲圖　清代佚名 ————

無量壽佛，即「阿彌陀佛」，《無量壽經》曾記載，阿彌陀佛修行發願，修菩薩道，積功累德，以至圓滿成佛。

心
經

賞析

此章有別於前六章的講說，主要內容為梵文咒語，即「陀羅尼」。因為陀羅尼蘊藏著無法言說的神秘力量，又常稱為「密語」，是以此章便稱為「秘密分」。

那為何此章多採用梵語原文，並未加以翻譯成更容易理解的中文意義呢？這就要先瞭解玄奘在翻譯佛經時所堅持的原則。玄奘翻譯佛經有五種情況不意譯，這在南宋法雲所編之《翻譯名義序·十種通號》有所記載：「唐奘法師明五種不翻：秘密故不翻，陀羅尼是；多含故不翻，如薄伽梵，含六義故；此無故不翻，如閻浮樹；順古故不翻，如阿耨菩提，實可翻之，但摩騰已來存梵音故；生善故不翻，如般若尊重，智慧輕淺，令人生敬，是故不翻。」此處的「不翻」並非指不翻譯，而是不使用意譯。那這「五不翻」究竟為何呢？

秘密故不翻：具有神秘色彩的咒

—— 極樂世界圖　清代丁觀鵬 ——

此圖描繪西方極樂世界，將極樂世界的殊勝一表無遺。佛陀曾向眾生介紹此西方極樂世界，是為阿彌陀佛成佛時，發四十八大願所感之極樂淨土。

圖中的阿彌陀佛雙手結禪定印，頭頂放光，光中化現十方諸佛。觀世音菩薩和大勢至菩薩分坐兩側，四周尚有諸菩薩、羅漢圍繞。上方祥雲浮動，華麗的樓閣掩映其間，下方則有蓮池一座與九位蓮花化生。

心
經

語不翻，例如此章的咒語，假若強行使用意譯，就會失去其特殊的意義。多含故不翻：一詞多義者不翻，如「薄伽梵」一詞有六種意義，故保留原文，採用其音。此無故不翻：在當時中土沒有的事物與概念不翻，如「閻浮樹」為印度所特有，中國境內並無此樹種，是以選用音譯。順古故不翻：約定俗成的詞語應該遵循習慣採取音譯，如「阿耨菩提」，早已有此譯，雖然有其實際意義，但為免造成混亂，因此照用已有的翻譯。生善故不翻：有些詞彙需要使用音譯才能使人存有尊重，否則容易等閒視之，例如「般若」的意思與智慧相似，但若將般若翻譯成智慧就顯得喪失其深遠的涵義了。

由以上說明得以知曉，玄奘音譯此章咒語原文的用意，為的就是保存咒語本身的潛在力量。因此只要常念此段咒語，便可發揮般若波羅蜜多的力量。

在理解此章的咒語用途後，我們再來一探咒語的涵義。揭諦：原

五不翻

秘密故不翻	具有神秘色彩的咒語，不加以意譯。
多含故不翻	一詞多義者，不加以意譯。
此無故不翻	當時中土沒有的事物與概念，不加以意譯。
順古故不翻	約定俗成的詞語遵循習慣，不加以意譯。
生善故不翻	用音譯才能使人存有尊重者，不加以意譯。

義為「去」、「度」，反復宣說意為般若波羅蜜多能夠自度度人，也就是說，般若波羅蜜多不只能夠使自己超脫一切苦厄解脫輪迴之苦，同時又能夠令廣大眾生一同了卻生死之苦，共赴涅槃之境。波羅：原義為「到彼岸」，所以波羅揭諦就是強調「度到彼岸」。而波羅僧揭諦則言明不僅自身要度過生死之海，到達涅槃彼岸，更要帶領、陪伴眾人共赴涅槃彼岸。僧，此指眾生。菩提薩婆訶：指修行圓滿的大菩薩。

此章便是要世人瞭解事物的本質，除卻人生種種煩惱與痛苦，最終得以超脫生死輪迴，成就阿耨多羅三藐三菩提，一切圓滿，究竟涅槃。

普賢大士像　台灣國立故宮博物院館藏

此幅圖繪一僧坐於白象背上，展卷研讀。普賢，梵名三曼多跋陀羅，漢譯名為普賢，又名遍吉。與文殊菩薩同為釋迦牟尼佛的脅侍，左輔右弼，居菩薩眾之上首。而普賢菩薩於此圖像作世俗僧形，是為了助佛普化的緣故。

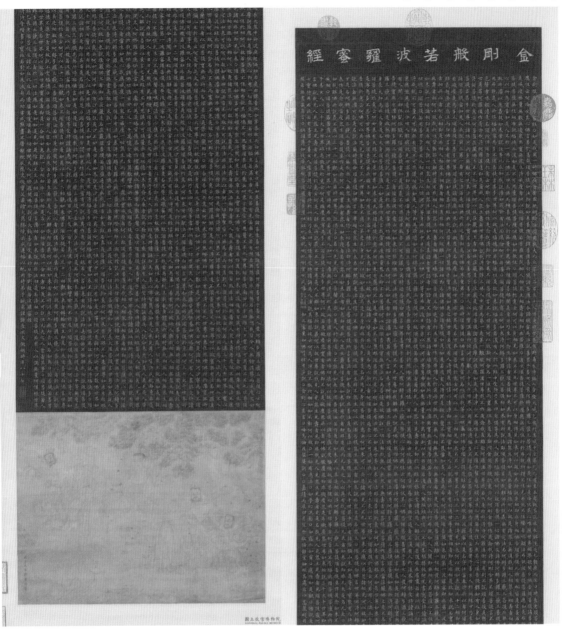

◆ 明代　文徵明（1470 年～1559 年）

金剛般若波羅蜜經

　　文徵明的書法沉實勁健，無論是行草還是小楷，皆無輕滑處。文徵明的書法不激不厲，沉勁入骨，至垂暮之年，其筆力彌堅，亦無絲毫衰弱氣象。一方面緣於其用功精勤，一方面因為其謹守儒家中庸之道，正道而行之。文徵明之筆力堅實，既是體現其深厚功力，亦是反映其思想認真堅定。

271

摩訶般若波羅蜜多心經
觀自在菩薩行深般若波羅蜜多時照
見五蘊皆空度一切苦厄舍利子色不
異空空不異色色即是空空即是色受
想行識亦復如是舍利子是諸法空相
不生不滅不垢不淨不增不減是故空
中無色無受想行識無眼耳鼻舌身意
無色聲香味觸法無眼界乃至無意識
界無無明亦無無明盡乃至無老死亦
無老死盡無苦集滅道無智亦無得以
無所得故菩提薩埵依般若波羅蜜多
故心無罣礙無罣礙故無有恐怖遠離
顛倒夢想究竟涅槃三世諸佛依般若
波羅蜜多故得阿耨多羅三藐三菩提
故知般若波羅蜜多是大神咒是大明
咒是無上咒是無等等咒能除一切苦
真實不虛故說般若波羅蜜多咒即說
咒曰
揭諦揭諦波羅揭諦波羅僧揭諦菩提
薩婆訶
嘉靖二十一年歲在壬寅九月廿
又一日書于崑山舟中徵明

◆明代　文徵明（1470年～1559年）

明仇英畫趙孟頫寫經換茶圖文徵明書心經合璧

　　文徵明，初名壁，字徵明，後更字徵仲，號衡山、停雲。祖籍衡山，故號衡山居士。自祖父起始以文顯，其父文林曾任溫州永嘉知縣。文徵明自幼習經籍詩文，喜愛書畫，文師吳寬，書法學李應禎，繪畫宗沈周。少年時期即享才名，與祝允明、唐寅、徐禎卿並稱為「吳中四才子」。文徵明書法初師李應禎，後廣泛學習前代名家，篆、隸、楷、行、草各有造詣，尤擅行書和小楷。

◆宋代 蘇軾（1037年～1101年）

✒ 金剛般若波羅蜜經

　　蘇軾，北宋著名文學家、書畫家，詩詞開豪放一派，為唐宋八大家之一。長於行書、楷書，作品肉豐骨勁、筆圓韻勝、態濃意淡、氣象雍容，以茂密寓空靈、淳厚道勁、風神秀偉。他的書法名列宋代榜首，深受後人推崇。且因其學識修養豐富，並對佛道深入研究，遂體現於書法之中，充滿精神之美。

須菩提於意云何如來得阿耨多羅三藐三菩提耶如來
有所說法耶須菩提言如我解佛所說義無有定法名阿
耨多羅三藐三菩提亦無有定法如來可說何以故如來
所說法皆不可取不可說非法非非法所以者何一切賢
聖皆以無為法而有差別須菩提於意云何若人滿三千
大千世界七寶以用布施是人所得福德寧為多不須菩
提言甚多世尊何以故是福德即非福德性是故如來說
福德多若復有人於此經中受持乃至四句偈等為他人
說其福勝彼何以故須菩提一切諸佛及諸佛阿耨多羅
三藐三菩提法皆從此經出須菩提所謂佛法者即非佛
法

菩薩不住相布施其福德不
可思量須菩提於意云何東
方虛空可思量不不也世尊
須菩提南西北方四維上下
虛空可思量不不也世尊須
菩提菩薩無住相布施福德
亦復如是不可思量須菩提
菩薩但應如所教住須菩提
於意云何可以身相見如來
不不也世尊不可以身相得
見如來何以故如來所說身
相即非身相佛告須菩提凡
所有相皆是虛妄若見諸相
非相則見如來須菩提白佛
言世尊頗有眾生得聞如是
言說章句生實信不佛告須
菩提莫作是說如來滅後後
五百歲有持戒修福者於此
章句能生信心以此為實當
知是人不於一佛二佛三四
五佛而種善根已於無量千
萬佛所種諸善根聞是章句
乃至一念生淨信者須菩提
如來悉知悉見是諸眾生得
如是無量福德何以故是諸
眾生無復我相人相眾生相
壽者相無法相亦無非法相
何以故是諸眾生若心取相
則為著我人眾生壽者若取
法相即著我人眾生壽者何
以故若取非法相即著我人
眾生壽者是故不應取法不
應取非法以是義故如來常
說汝等比丘知我說法如筏
喻者法尚應捨何況非法須
菩提於意云何如來得阿耨
多羅三藐三菩提耶如來

須菩提於意云何如來昔在
然燈佛所於法有所得不不
也世尊如來在然燈佛所於
法實無所得須菩提於意云
何菩薩莊嚴佛土不不也世
尊何以故莊嚴佛土者則非
莊嚴是名莊嚴是故須菩提
諸菩薩摩訶薩應如是生清
淨心不應住色生心不應住
聲香味觸法生心應無所住
而生其心須菩提譬如有人
身如須彌山王於意云何是
身為大不須菩提言甚大世
尊何以故佛說非身是名大
身須菩提如恒河中所有沙
數如是沙等恒河於意云何
是諸恒河沙寧為多不須菩
提言甚多世尊但諸恒河尚
多無數何況其沙須菩提我
今實言告汝若有善男子善
女人以七寶滿爾所恒河沙
數三千大千世界以用布施
得福多不須菩提言甚多世
尊佛告須菩提若善男子善
女人於此經中乃至受持四
句偈等為他人說而此福德
勝前福德

復次須菩提隨說是經乃至
四句偈等當知此處一切世
間天人阿修羅皆應供養如
佛塔廟何況有人盡能受持
讀誦須菩提當知是人成就
最上第一希有之法若是經
典所在之處則為有佛若尊
重弟子爾時須菩提白佛言
世尊當何名此經我等云何
奉持佛告須菩提是經名為
金剛般若波羅蜜以是名字
汝當奉持所以者何須菩提
佛說般若波羅蜜則非般若
波羅蜜是名般若波羅蜜須
菩提於意云何如來有所說
法不須菩提白佛言世尊如
來無所說須菩提於意云何
三千大千世界所有微塵是
為多不須菩提言甚多世尊
須菩提諸微塵如來說非微
塵是名微塵如來說世界非
世界是名世界須菩提於意
云何可以三十二相見如來
不不也世尊不可以三十二
相得見如來何以故如來說
三十二相即是非相是名三
十二相須菩提若有善男子
善女人以恒河沙等身命布
施若復有人於此經中乃至
受持四句偈等為他人說其
福甚多

爾時須菩提聞說是經深解
義趣涕淚悲泣而白佛言希
有世尊佛說如是甚深經典
我從昔來所得慧眼未曾得
聞如是之經世尊若復有人
得聞是經信心清淨則生實
相當知是人成就第一希有
功德世尊是實相者則是非
相是故如來說名實相世尊
我今得聞如是經典信解受
持不足為難若當來世後五
百歲其有眾生得聞是經信
解受持是人則為第一希有
何以故此人無我相人相眾
生相壽者相所以者何我相
即是非相人相眾生相壽者
相即是非相何以故離一切
諸相則名諸佛佛告須菩提
如是如是若復有人得聞是
經不驚不怖不畏當知是人
甚為希有何以故須菩提如
來說第一波羅蜜即非第一
波羅蜜是名第一波羅蜜須
菩提忍辱波羅蜜如來說非
忍辱波羅蜜是名忍辱波羅
蜜何以故須菩提如我昔為
歌利王割截身體我於爾時
無我相無人相無眾生相無
壽者相何以故我於往昔節
節支解時若有我相人相眾
生相壽者相應生瞋恨須菩
提又念過去於五百世作忍
辱仙人於爾所世無我相無
人相無眾生相無壽者相是
故須菩提菩薩應離一切相
發阿耨多羅三藐三菩提心
不應住色生心不應住聲香
味觸法生心應生無所住心
若心有住則為非住是故佛
說菩薩心不應住色布施

佛告須菩提善男子善女人
發阿耨多羅三藐三菩提心
者當生如是心我應滅度一
切眾生滅度一切眾生已而
無有一眾生實滅度者何以
故須菩提若菩薩有我相人
相眾生相壽者相則非菩薩
所以者何須菩提實無有法
發阿耨多羅三藐三菩提者
須菩提於意云何如來於然
燈佛所有法得阿耨多羅三
藐三菩提不不也世尊如我
解佛所說義佛於然燈佛所
無有法得阿耨多羅三藐三
菩提佛言如是如是須菩提
實無有法如來得阿耨多羅
三藐三菩提須菩提若有法
如來得阿耨多羅三藐三菩
提者然燈佛則不與我授記
汝於來世當得作佛號釋迦
牟尼以實無有法得阿耨多
羅三藐三菩提是故然燈佛
與我授記作是言汝於來世
當得作佛號釋迦牟尼何以
故如來者即諸法如義若有
人言如來得阿耨多羅三藐
三菩提須菩提實無有法佛
得阿耨多羅三藐三菩提

◆唐代　柳公權
（778年～865年）

金剛般若波羅
蜜經刻石

1

金剛般若波羅蜜經

如是我聞。一時佛在舍衛國祇樹給孤獨園。與大比丘眾千二百五十人俱。爾時世尊食時。著衣持鉢。入舍衛大城乞食。於其城中次第乞已。還至本處。飯食訖。收衣鉢。洗足已。敷座而坐。

時長老須菩提在大眾中。即從座起。偏袒右肩。右膝著地。合掌恭敬而白佛言。希有世尊。如來善護念諸菩薩。善付囑諸菩薩。世尊。善男子善女人。發阿耨多羅三藐三菩提心。云何應住。云何降伏其心。佛言。善哉善哉。須菩提。如汝所說。如來善護念諸菩薩。善付囑諸菩薩。汝今諦聽。當為汝說。善男子善女人。發阿耨多羅三藐三菩提心。應如是住。如是降伏其心。唯然世尊。願樂欲聞。

佛告須菩提。諸菩薩摩訶薩。應如是降伏其心。所有一切眾生之類。若卵生若胎生若濕生若化生。若有色若無色。若有想若無想。若非有想非無想。我皆令入無餘涅槃而滅度之。如是滅度無量無數無邊眾生。實無眾生得滅度者。何以故。須菩提。若菩薩有我相人相眾生相壽者相。即非菩薩。

2

復次須菩提。菩薩於法。應無所住行於布施。所謂不住色布施。不住聲香味觸法布施。須菩提。菩薩應如是布施。不住於相。何以故。若菩薩不住相布施。其福德不可思量。

須菩提。於意云何。東方虛空可思量不。不也世尊。須菩提。南西北方四維上下虛空可思量不。不也世尊。須菩提。菩薩無住相布施。福德亦復如是不可思量。須菩提。菩薩但應如所教住。

須菩提。於意云何。可以身相見如來不。不也世尊。不可以身相得見如來。何以故。如來所說身相。即非身相。佛告須菩提。凡所有相皆是虛妄。若見諸相非相。則見如來。

須菩提白佛言。世尊。頗有眾生。得聞如是言說章句。生實信不。佛告須菩提。莫作是說。如來滅後後五百歲。有持戒修福者。於此章句能生信心。以此為實。

（須陀洹。斯陀含。阿那含。阿羅漢）須菩提。於意云何。須陀洹能作是念。我得須陀洹果不。須菩提言。不也世尊。何以故。須陀洹名為入流。而無所入。不入色聲香味觸法。是名須陀洹。

須菩提。於意云何。斯陀含能作是念。我得斯陀含果不。須菩提言。不也世尊。何以故。斯陀含名一往來。而實無往來。是名斯陀含。

須菩提。於意云何。阿那含能作是念。我得阿那含果不。須菩提言。不也世尊。何以故。阿那含名為不來。而實無不來。是故名阿那含。

須菩提。於意云何。阿羅漢能作是念。我得阿羅漢道不。須菩提言。不也世尊。何以故。實無有法名阿羅漢。世尊。若阿羅漢作是念。我得阿羅漢道。即為著我人眾生壽者。

3

佛言。世尊。佛說我得無諍三昧。人中最為第一。是第一離欲阿羅漢。我不作是念。我是離欲阿羅漢。世尊。我若作是念。我得阿羅漢道。世尊則不說須菩提是樂阿蘭那行者。以須菩提實無所行。而名須菩提是樂阿蘭那行。

佛告須菩提。於意云何。如來昔在然燈佛所。於法有所得不。不也世尊。如來在然燈佛所。於法實無所得。

須菩提。於意云何。菩薩莊嚴佛土不。不也世尊。何以故。莊嚴佛土者。即非莊嚴。是名莊嚴。是故須菩提。諸菩薩摩訶薩。應如是生清淨心。不應住色生心。不應住聲香味觸法生心。應無所住而生其心。

須菩提。譬如有人。身如須彌山王。於意云何。是身為大不。須菩提言。甚大世尊。何以故。佛說非身。是名大身。

須菩提。如恆河中所有沙數。如是沙等恆河。於意云何。是諸恆河沙寧為多不。須菩提言。甚多世尊。但諸恆河尚多無數。何況其沙。

須菩提。我今實言告汝。若有善男子善女人。以七寶滿爾所恆河沙數三千大千世界。以用布施。得福多不。

須菩提。於意云何。三千大千世界所有微塵。是為多不。須菩提言。甚多世尊。須菩提。諸微塵。如來說非微塵。是名微塵。如來說世界。非世界。是名世界。

須菩提。於意云何。可以三十二相見如來不。不也世尊。不可以三十二相得見如來。何以故。如來說三十二相。即是非相。是名三十二相。

須菩提。若有善男子善女人。以恆河沙等身命布施。若復有人。於此經中。乃至受持四句偈等。為他人說。其福甚多。

爾時須菩提聞說是經。深解義趣。涕淚悲泣而白佛言。希有世尊。佛說如是甚深經典。我從昔來所得慧眼。未曾得聞如是之經。

4

世尊。若復有人得聞是經。信心清淨。則生實相。當知是人成就第一希有功德。世尊。是實相者。則是非相。是故如來說名實相。世尊。我今得聞如是經典。信解受持不足為難。

須菩提。如來是真語者。實語者。如語者。不誑語者。不異語者。須菩提。如來所得法。此法無實無虛。須菩提。若菩薩心住於法而行布施。如人入闇。則無所見。若菩薩心不住法而行布施。如人有目。日光明照。見種種色。

須菩提。當來之世。若有善男子善女人。能於此經受持讀誦。則為如來以佛智慧。悉知是人。悉見是人。皆得成就無量無邊功德。

須菩提。若有善男子善女人。初日分以恆河沙等身布施。中日分復以恆河沙等身布施。後日分亦以恆河沙等身布施。如是無量百千萬億劫以身布施。若復有人聞此經典。信心不逆。其福勝彼。何況書寫受持讀誦為人解說。

須菩提。以要言之。是經有不可思議不可稱量無邊功德。如來為發大乘者說。為發最上乘者說。若有人能受持讀誦廣為人說。如來悉知是人。悉見是人。皆得成就不可量不可稱無有邊不可思議功德。如是人等。則為荷擔如來阿耨多羅三藐三菩提。何以故。須菩提。若樂小法者。著我見人見眾生見壽者見。則於此經。不能聽受讀誦為人解說。

◆唐代　柳公權（778年～865年）

✒ 金剛般若波羅蜜經刻石

　　柳公權，唐代著名書法家，官至太子少師，世稱「柳少師」。柳公權以楷書著稱，與顏真卿齊名，人稱「顏柳」。柳公權書法初學王羲之，後遍觀唐代名家，認為顏真卿、歐陽詢的字最好，因此吸取顏、歐之長，在晉人勁媚和顏書雍容雄渾之間，形成自己的柳體，以骨力勁健見長，後有「顏筋柳骨」的美譽。

阿耨多羅三藐三菩提者須菩提於意云何如來於然燈佛所有法得阿耨多羅三藐三菩提不不也世尊如我解佛所說義佛於然燈佛所無有法得阿耨多羅三藐三菩提佛言如是如是須菩提實無有法如來得阿耨多羅三藐三菩提須菩提若有法如來得阿耨多羅三藐三菩提者然燈佛則不與我授記汝於來世當得作佛號釋迦牟尼以實無有法得阿耨多羅三藐三菩提是故然燈佛與我授記作是言汝於來世當得作佛號釋迦牟尼何以故如來者即諸法如義若有人言如來得阿耨多羅三藐三菩提須菩提實無有法佛得阿耨多羅三藐三菩提須菩提如來所得阿耨多羅三藐三菩提於是中無實無虛是故如來說一切法皆是佛法須菩提所言一切法者即非一切法是故名一切法須菩提譬如人身長大須菩提言世尊如來說人身長大則為非大身是名大身須菩提菩薩亦如是若作是言我當滅度無量眾生則不名菩薩何以故須菩提實無有法名為菩薩是故佛說一切法無我無人

⑤

無眾生無壽者須菩提若菩薩作是言我當莊嚴佛土是不名菩薩何以故如來說莊嚴佛土者即非莊嚴是名莊嚴須菩提若菩薩通達無我法者如來說名真是菩薩須菩提於意云何如來有肉眼不如是世尊如來有肉眼須菩提於意云何如來有天眼不如是世尊如來有天眼須菩提於意云何如來有慧眼不如是世尊如來有慧眼須菩提於意云何如來有法眼不如是世尊如來有法眼須菩提於意云何如來有佛眼不如是世尊如來有佛眼須菩提於意云何如恆河中所有沙佛說是沙不如是世尊如來說是沙須菩提於意云何如一恆河中所有沙有如是沙等恆河是諸恆河所有沙數佛世界如是寧為多不甚多世尊佛告須菩提爾所國土中所有眾生若干種心如來悉知何以故如來說諸心皆為非心是名為心所以者何須菩提過去心不可得現在心不可得未來心不可得須菩提於意云何若有人滿三千大千世界七寶以用布施是人以是因緣得福多不如是世尊此人以是因緣得福甚多須菩提若福德有實如來不說得福德多以福德無故如來說得福德多須菩提於意云何佛可以具足色身見不不也世尊如來不應以具足色身見何以故如來說具足色身即非具足色身是名具足色身須菩提於意云何如來可以具足諸相見不不也世尊如來不應以具足諸相見何以故如來說諸相具足即非具足是名諸相具足須菩提汝勿謂如來作是念我當有所說法莫作是念何以故若人言如來有所說法即為謗佛不能解我所說故須菩提說法者無法可說是名說法爾時慧命須菩提白佛言世尊頗有眾生於未來世聞說是法生信心不佛言須菩提彼非眾生非不眾生何以故須菩提眾生眾生者如來說非眾生是名眾生須菩提白佛言世尊佛得阿耨多羅三藐三菩提為無所得耶佛言如是如是須菩提我於阿耨多羅三藐三菩提乃至無有少法可得是名阿耨多羅三藐三菩提復次須菩提是法平等無有高下是名阿耨多羅三藐三菩提以無我無人無眾生無壽者修一切善法則得阿耨多羅三藐三菩提須菩提所言善法者如來說非善法是名善法須菩提若三千大千世界中所有諸須彌山王如是等七寶聚有人持用布施若人以此般若波羅蜜經乃至四句偈等受持讀誦為他人說於前福德百分不及一百千萬億分乃至算數譬喻所不能及須菩提於意云何汝等勿謂如來作是念我當度眾生須菩提莫作是念何以故實無有眾生如來度者若有眾生如來度者如來則有我人眾生壽者須菩提如來說有我者則非有我而凡夫之人以為有我須菩提凡夫者如來說則非凡夫是名凡夫須菩提於意云何可以三十二相觀如來不須菩提言如是如是以三十二相觀如來佛言須菩提若以三十二相觀如來者轉輪聖王則是如來須菩提白佛言世尊如我解佛所說義不應以三十二相觀如來爾時世尊而說偈言若以色見我以音聲求我是人行邪道不能見如來須菩提汝若作是念如來不以具足相故得阿耨多羅三藐三菩提須菩提莫作是念如來不以具足相故得阿耨多羅三藐三菩提須菩提汝若作是念發阿耨多羅三藐三菩提心者說諸法斷滅莫作是念何以故發阿耨多羅三藐三菩提心者於法不說斷滅相須菩提若菩薩以滿恆河沙等世界七寶布施若復有人知一切法無我得成於忍此菩薩勝前菩薩所得功德何以故須菩提以諸菩薩不受福德故須菩提白佛言世尊云何菩薩不受福德須菩提菩薩所作福德不應貪著是故說不受福德須菩提若有人言如來若來若去若坐若臥是人不解我所說義何以故如來者無所從來亦無所去故名如來

⑥

須菩提若善男子善女人以三千大千世界碎為微塵於意云何是微塵眾寧為多不甚多世尊何以故若是微塵眾實有者佛則不說是微塵眾所以者何佛說微塵眾則非微塵眾是名微塵眾世尊如來所說三千大千世界則非世界是名世界何以故若世界實有者則是一合相如來說一合相則非一合相是名一合相須菩提一合相者則是不可說但凡夫之人貪著其事須菩提若人言佛說我見人見眾生見壽者見須菩提於意云何是人解我所說義不不也世尊是人不解如來所說義何以故世尊說我見人見眾生見壽者見即非我見人見眾生見壽者見是名我見人見眾生見壽者見須菩提發阿耨多羅三藐三菩提心者於一切法應如是知如是見如是信解不生法相須菩提所言法相者如來說即非法相是名法相須菩提若有人以滿無量阿僧祇世界七寶持用布施若有善男子善女人發菩薩心者持於此經乃至四句偈等受持讀誦為人演說其福勝彼云何為人演說不取於相如如不動何以故一切有為法如夢幻泡影如露亦如電應作如是觀佛說是經已長老須菩提及

⑦

◆元代 趙孟頫（1254年～1322年）

🖌 般若波羅蜜多心經墨蹟

趙孟頫精通音樂，善鑑定古器物，其詩清邃奇逸，書畫尤為擅名，篆籀分隸楷草書俱佳，又以楷書、行書造詣最深、影響最廣。誠如明代書畫家文嘉所說：「魏公於古人書法之佳者，無不仿學。」趙孟頫集晉、唐書法之大成，後世有人將其列入楷書四大家——顏、柳、歐、趙。

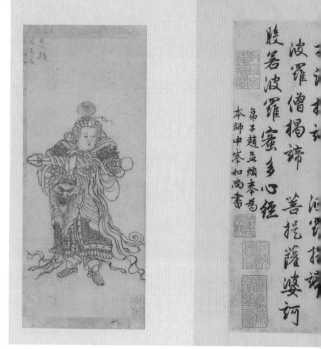

趙孟頫心經墨蹟

趙松雪書心經　棠村重裝

右十字
文端公遺蹟蓋為棠村梁相國書
籤也
文孫晴嵐得之京師晴嵐藏此
經久矣及得此籤如珠還合浦卻
入平津屬余記之如左照

康熙初年真定梁棠村相國收藏前人真蹟
家富裝池精好書籤必藉名筆此
太傅文端公遺墨書籤道得之附裝冊後棠
村本惜不可見而此冊風神儼上未知孰為渡先
也近年來棠村秘玩落人間手孫不渡紙保
孟此見名德詒苗之遠而聰於玩好為大感也山散敢
趙文敏書心經曾見　內府所藏不下十餘卒而稱
法國靈雲實遠過之矣　文端公題籤附裝
冊後古脅于淳近撿几席晴嵐之家重圍宜公焉
孟嵩

含衆作是念我得阿那含果不須菩提言不也世
尊何以故阿那含名為不來而實無不來是故名
阿那含須菩提於意云何阿羅漢能作是念我
得阿羅漢道不須菩提言不也世尊何以故實
無有法名阿羅漢世尊若阿羅漢作是念我得
阿羅漢道即為著我人衆生壽者世尊佛說我
得無諍三昧人中最為第一是第一離欲阿羅
漢世尊我不作是念我是離欲阿羅
漢世尊我若作是念我得阿羅
漢道世尊則不說須菩提是樂
阿蘭那行者以須菩提實無所行而名須菩提是
樂阿蘭那行
莊嚴淨土分第十

佛告須菩提於意云何如來昔在然燈佛所於法
有所得不不也世尊如來在然燈佛所於法
實無所得須菩提於意云何菩薩莊嚴佛土不不也
世尊何以故莊嚴佛土者即非莊嚴是名莊嚴
是故須菩提諸菩薩摩訶薩應如是生清淨心
不應住色生心不應住聲香味觸法生心應
無所住而生其心須菩提譬如有人身如須彌山王
於意云何是身為大不須菩提言甚大世尊何以故
佛說非身是名大身
無為福勝分第十一
須菩提如恒河中所有沙數如是沙等恒河於
意云何是諸恒河沙寧為多不須菩提言甚多世尊但諸
恒河尚多無數何況其沙

但諸恒河尚多無數何況其沙須菩提我今實言告汝若
有善男子善女人以七寶滿爾所恒河沙數
三千大千世界以用布施得福多不須菩提言甚多
世尊佛告須菩提若善男子善女人於此經中
乃至受持四句偈等為他人說而此福德勝前福
德
尊重正教分第十二
復次須菩提隨說是經乃至四句偈等當知此處
一切世間天人阿修羅皆應供養如佛塔廟何況
有人盡能受持讀誦須菩提當知是人成就最
上第一希有之法若是經典所在之處則為有佛
若尊重弟子

如法受持分第十三
爾時須菩提白佛言世尊當何名此經我等云何
奉持佛告須菩提是經名為金剛般若波羅蜜以
是名字汝當奉持所以者何須菩提佛說般若波
羅蜜則非般若波羅蜜須菩提於意云何如來有
所說法不須菩提白佛言世尊如來無所說
須菩提於意云何三千大千世界所有微塵是為
多不須菩提言甚多世尊須菩提諸微塵如來說
非微塵是名微塵如來說世界非世界是名世界
須菩提於意云何可以三十二相見如來不不也
世尊不可以三十二相得見如來何以故如來說三
十二相即是非相是名三十二相

有善男子善女人以恒河沙等身命布施若復有
人於此經中乃至受持四句偈等為他人說其福甚多
離相寂滅分第十四
爾時須菩提聞說是經深解義趣涕淚悲泣而
白佛言希有世尊佛說如是甚深經典我從昔
來所得慧眼未曾得聞如是之經世尊若復有
人得聞是經信心清淨則生實相當知是人成就
第一希有功德世尊是實相者則是非相是故如
來說名實相世尊我今得聞如是經典信解受持
不足為難若當來世後五百歲其有衆生得聞是
經信解受持是人則為第一希有何以故此人無我
相無人相無衆生相無壽者相

是非相人相衆生相壽者相即是非相何以故離
一切諸相則名諸佛佛告須菩提如是如是若復
有人得聞是經不驚不怖不畏當知是人甚
為希有何以故須菩提如來說第一波羅蜜非第
一波羅蜜是名第一波羅蜜
須菩提忍辱波羅蜜如來說非忍辱波羅蜜是名
忍辱波羅蜜何以故須菩提如我昔為歌利王割截
身體我於爾時無我相無人相無衆生相無壽
者相何以故我於往昔節節支解時若有我相
人相衆生相壽者相應生瞋恨須菩提又念過去
於五百世作忍辱仙人於爾所世無我相無人相
無衆生相無壽者相是故須菩提菩薩應離一切相

金剛般若波羅蜜經
法會因由分第一
如是我聞一時佛在舍衛國祇樹給孤獨園與大比丘
眾千二百五十人俱爾時世尊食時著衣持缽入舍衛
大城乞食於其城中次第乞已還至本處飯食訖收
衣缽洗足已敷座而坐
善現起請分第二
時長老須菩提在大眾中即從座起偏袒右肩
右膝著地合掌恭敬而白佛言希有世尊如來善
護念諸菩薩善付囑諸菩薩世尊善男子善
女人發阿耨多羅三藐三菩提心應云何住云何降
伏其心佛言善哉善哉須菩提如汝所說如來善

護念諸菩薩善付囑諸菩薩汝今諦聽當為汝說善男子
女人發阿耨多羅三藐三菩提心應如是住如是降
伏其心唯然世尊願樂欲聞
大乘正宗分第三
佛告須菩提諸菩薩摩訶薩應如是降伏其心
所有一切眾生之類若卵生若胎生若濕生若有
色若無色若有想若無想若非有想非無想
我皆令入無餘涅槃而滅度之如是滅度無量
無數無邊眾生實無眾生得滅度者何以故須菩提
若菩薩有我相人相眾生相壽者相即非菩薩
妙行無住分第四
復次須菩提菩薩於法應無所住行於布施所謂

不住色布施不住聲香味觸法布施須菩提菩薩
應如是布施不住於相何以故若菩薩不住相布
施其福德不可思量須菩提於意云何東方虛
空可思量不不也世尊須菩提南西北方四維上下
虛空可思量不不也世尊須菩提菩薩無住相布
施福德亦復如是不可思量須菩提菩薩但應
如所教住
如理實見分第五
須菩提於意云何可以身相見如來不不也世尊不
可以身相得見如來何以故如來所說身相即非身
相佛告須菩提凡所有相皆是虛妄若見諸相非相
即見如來

正信希有分第六
須菩提白佛言世尊頗有眾生得聞如是言說章
句生實信不佛告須菩提莫作是說如來滅後
後五百歲有持戒修福者於此章句能生信心以
此為實當知是人不於一佛二佛三四五佛而種
善根已於無量千萬佛所種諸善根聞是章句
乃至一念生淨信者須菩提如來悉知悉見是
諸眾生得如是無量福德何以故是諸眾生無
復我相人相眾生相壽者相無法相亦無非法相
何以故是諸眾生若心取相則為著我人眾生壽者
若取法相即著我人眾生壽者何以故若取非法
相即著我人眾生壽者是故不應取法不應取非
法以是義故如來常說汝等比丘知我說法

如筏喻者法尚應捨何況非法
無得無說分第七
須菩提於意云何如來得阿耨多羅三藐三菩提
耶如來有所說法耶須菩提言如我解佛所說
義無有定法名阿耨多羅三藐三菩提亦無有定
法如來可說何以故如來所說法皆不可取不可
說非法非非法所以者何一切賢聖
皆以無為法而有差別
依法出生分第八
須菩提於意云何若人滿三千大千世界七寶以
用布施是人所得福德寧為多不須菩提言甚
多世尊何以故是福德即非福德性是故如來說

福德多若復有人於此經中受持乃至四句偈等
為他人說其福勝彼何以故須菩提一切諸佛及諸
佛阿耨多羅三藐三菩提法皆從此經出須菩提
所謂佛法者即非佛法
一相無相分第九
須菩提於意云何須陀洹能作是念我得須陀洹果
不須菩提言不也世尊何以故須陀洹名為入流而無
所入不入色聲香味觸法是名須陀洹須菩提於意
云何斯陀含能作是念我得斯陀含果

◆宋代　董其昌（1555～1636年）

◆宋代　董其昌（1555～1636年）

金剛般若波羅蜜經

　　董其昌在書法方面，除了學習唐、宋、元各朝代的書法作品和書法技巧外，還善於從中總結獨屬於自己的書法技藝。所以，他的書法融百家而自成一家。董其昌在行書、草書、楷書方面頗有心得，不僅注重基本寫作規範，甚至還加入自己的書寫技巧，飄逸雋秀卻又不失大氣。

學習領航家——📺新絲路視頻
讓您一饗知識盛宴，偷學大師真本事！

活在知識爆炸的 21 世紀，您要如何分辨看到的是落地資訊還是忽悠言詞？
成功者又是如何在有限時間內，從龐雜的資訊中獲取最有用的知識？
巨量的訊息，帶來新的難題，新絲路視頻讓您睜大雙眼，
從另一個角度重新理解世界，看清所有事情的真相，
培養視野、養成觀點！

想做個聰明的閱聽人，您必須懂得善用新媒體，不斷地學習。📺新絲路視頻 便提供閱聽者一個更有效的吸收知識方式，讓想上進、想擴充新知的你，在短短 30～60 分鐘的時間內，便能吸收最優質、充滿知性與理性的內容（知識膠囊），快速習得大師的智慧精華，讓您閒暇的時間也能很知性！

🚩師法大師的思維，長知識、不費力！

📺新絲路視頻 重磅邀請台灣最有學識的出版之神——王晴天博士主講，有料會寫又能說的王博士憑著扎實學識，被喻為台版「羅輯思維」，他不僅是天資聰穎的開創者，同時也是勤學不倦，孜孜矻矻的實踐家，再忙碌，每天必撥時間學習進修。他根本就是終身學習的終極解決方案！

在 📺新絲路視頻 ，您可以透過「歷史真相系列1～」、「說書系列2～」、「文化傳承與文明之光3～」、「時空史地4～」、「改變人生的10個方法5～」一同與王博士探討古今中外歷史、文化及財經商業等議題，有別於傳統主流的思考觀點，不只長知識，更讓您的知識升級，不再人云亦云。

📺新絲路視頻 於 YouTube 及兩岸的視頻網站、各大部落格及土豆、騰訊、網路電台……等皆有發布，邀請您一同成為知識的渴求者，跟著 📺新絲路視頻 偷學大師的成功真經，開闊新視野、拓展新思路、汲取新知識。

面對瞬息萬變的未來，你的競爭力在哪裡？

建構個人影響力的兩大武器──

出書出版&公眾演說

It's time to change !

讓你從谷底翻身，
翻轉人生躍進B&I象限

舞台保證

 ## 出書出版班四日實務班

為什麼人人都想出書？
因為在這競爭激烈的時代，
出書是成為專家最快的途徑，
讓我們為您獨家曝光──
98%作家都不知道的出書斜槓獲利精髓！

保證出書

四大主題

企劃 · 寫作 · 出版 · 行銷 一次搞定
讓您藉書揚名，建立個人品牌，晉升專業人士，
成為暢銷作家，想低調都不行！

 ## 公眾演說四日精華班

學會公眾演說，讓您的影響力、收入翻倍，
鍛鍊出隨時都能自在表達的「演說力」，
把客戶的人、心、魂、錢都收進來，
不用再羨慕別人多金又受歡迎，
花同樣的時間卻產生數倍以上的效果！

三大主題

故事力 · 溝通力 · 思考力 一次兼備
讓您脫胎換骨成為超級演說家，
晉級 A 咖中的 A 咖！

開課日期及詳細課程資訊，請掃描 QR Code 或撥打真人客服專線 02-8245-8318，
亦可上新絲路官網 www.silkbook.com 查詢。

魔法講盟——
抖音特訓班

15 秒短影音，讓您吸引全球注目，
一支手機，創造百萬收入！

近年，
各大社群平台都流行以
「影片」來吸引用戶的眼球，
但不同以往那些長 30 秒，甚至是長達
幾分鐘的廣告，
全球瘋「短影音」，現在只要影片超過 20 秒，
用戶注意力就會消失，
而精彩的短片正是快速打造個人舞台最好的方式。

猜測那個平台最有效，
不如把心力花在思考如何有效運用社群平台？

您可能會問，那麼多社群平台為什麼要選擇抖音？
現在各大社群 FB、IG、YouTube 都有短影音，
但它們現在的觸及率不到 2％！
抖音是目前所有社群平台裡觸及率及流量高達 100％的平台，
不用任何一毛廣告費，您就能獲得超乎期待的回報！
現在就拿起手機拍影片，打造超級人氣，
讓大把鈔票流進口袋！

教您⋯⋯

- ♪ 帳號定位與營運
- ♪ 拍攝介面應用實作
- ♪ 影片拍攝剪接實作
- ♪ 爆款漲粉製作
- ♪ 內容架構執行規劃
- ♪ 錄影技巧實作
- ♪ 背景音樂使用實作
- ♪ 粉絲變現導流量

一支手機，就讓全世界看到您！

開課日期及詳細授課資訊，請掃描 QR Code，或上 新·絲·路·網·路·書·店 silkbook❀com https://www.silkbook.com 查詢

國家圖書館出版品預行編目資料

圖解金剛經與心經 / 王晴天編著 . --初版. --
新北市：典藏閣，采舍國際有限公司發行，
2020.06 面；公分 · --（經典人文05）

ISBN 978-986-271-881-0 （平裝）
1.般若部
221.44   109002802

圖解金剛經與心經

出版者 ▶ 典藏閣　　　　　　　　出版總監 ▶ 王寶玲
編著 ▶ 王晴天　　　　　　　　　文字編輯 ▶ 范心瑜
總編輯 ▶ 歐綾纖　　　　　　　　美術設計 ▶ 蔡瑪麗

台灣出版中心 ▶ 新北市中和區中山路2段366巷10號10樓
電話 ▶（02）2248-7896　　　　　傳真 ▶（02）2248-7758
ISBN ▶ 978-986-271-881-0
出版年度 ▶ 2021年1月再版6刷

全球華文市場總代理/采舍國際
地址 ▶ 新北市中和區中山路2段366巷10號3樓
電話 ▶（02）8245-8786　　　　　傳真 ▶（02）8245-8718

全系列書系特約展示
新絲路網路書店
地址 ▶ 新北市中和區中山路2段366巷10號10樓
電話 ▶（02）8245-9896
網址 ▶ www.silkbook.com

線上pbook&ebook總代理：全球華文聯合出版平台
地址：新北市中和區中山路2段366巷10號10樓
新絲路電子書城 ◉ www.silkbook.com/ebookstore/
華文網雲端書城 ◉ www.book4u.com.tw
新絲路網路書店 ◉ www.silkbook.com

經題稱般若波羅蜜多，是希望世人能透過文字聞修而親證般若智慧，超越生死輪迴，到達不生不滅的解脫境界。

般若波羅蜜多心經

觀自在菩薩行深般若波羅蜜多時照見

五蘊皆空度一切苦厄舍利子色不異空

空不異色色即是空空即是色受想行識

亦復如是舍利子是諸法空相不生不滅

不垢不淨不增不減是故空中無色無受

想行識無眼耳鼻舌身意無色聲香味觸

法無眼界乃至無意識界無無明亦無無

明盡乃至無老死亦無老死盡無苦集滅

心經的目的就是要讓世人捨妄求真，向自身本有的內心探求，令般若智慧萌芽，進而開花結果，覺悟無上正等正覺。

道無智亦無得以無所得故菩提薩埵依
般若波羅蜜多故心無罣礙無罣礙故無
有恐怖遠離顛倒夢想究竟涅槃三世諸
佛依般若波羅蜜多故得阿耨多羅三藐
三菩提故知般若波羅蜜多是大神咒是
大明咒是無上咒是無等等咒能除一切
苦真實不虛故說般若波羅蜜多咒即說
咒曰揭諦揭諦波羅揭諦波羅僧揭諦菩
提薩婆訶

觀自在菩薩，指觀察自我
身心和外在現象後，超脫
世俗煩惱、生死輪迴，進
而廣照眾生的大菩薩。

般若波羅蜜多心經

觀自在菩薩行深般若波羅蜜多時照見

五蘊皆空度一切苦厄舍利子色不異空

空不異色色即是空空即是色受想行識

亦復如是舍利子是諸法空相不生不滅

不垢不淨不增不減是故空中無色無受

想行識無眼耳鼻舌身意無色聲香味觸

法無眼界乃至無意識界無無明亦無無

明盡乃至無老死亦無老死盡無苦集滅

所謂當機者，即指問法之人。特別的是，佛經的當機者時常不是為了自身求知、解惑而發問的，而是替眾生發問，藉此將佛陀的智慧傳達給眾生。

道無智亦無得以無所得故菩提薩埵依

般若波羅蜜多故心無罣礙無罣礙故無

有恐怖遠離顛倒夢想究竟涅槃三世諸

佛依般若波羅蜜多故得阿耨多羅三藐

三菩提故知般若波羅蜜多是大神咒是

大明咒是無上咒是無等等咒能除一切

苦真實不虛故說般若波羅蜜多咒即說

咒曰揭諦揭諦波羅揭諦波羅僧揭諦菩

提薩婆訶

05

諸法雖有其名，但因其本質皆空，所以一切皆不可得、不可求。既然一切皆空，當然也就沒有生滅、垢淨和增減。

般若波羅蜜多心經

觀自在菩薩行深般若波羅蜜多時照見

五蘊皆空度一切苦厄舍利子色不異空

空不異色色即是空空即是色受想行識

亦復如是舍利子是諸法空相不生不滅

不垢不淨不增不減是故空中無色無受

想行識無眼耳鼻舌身意無色聲香味觸

法無眼界乃至無意識界無無明亦無無

明盡乃至無老死亦無老死盡無苦集滅

當人能以般若智慧破除五蘊、十八界、十二因緣、四聖諦的約束，就近於自在了。

道無智亦無得以無所得故菩提薩埵依般若波羅蜜多故心無罣礙無罣礙故無有恐怖遠離顛倒夢想究竟涅槃三世諸佛依般若波羅蜜多故得阿耨多羅三藐三菩提故知般若波羅蜜多是大神咒是大明咒是無上咒是無等等咒能除一切苦真實不虛故說般若波羅蜜多咒即說咒曰揭諦揭諦波羅揭諦波羅僧揭諦菩提薩婆訶

能自覺覺人的菩提薩埵，依靠般若智慧達到無所求、無所得的境界，他們將一切自我的執著掃蕩清淨，其自心也就成為了清淨的智慧，無處不照，亦無痕跡。

般若波羅蜜多心經

觀自在菩薩行深般若波羅蜜多時照見

五蘊皆空度一切苦厄舍利子色不異空

空不異色色即是空空即是色受想行識

亦復如是舍利子是諸法空相不生不滅

不垢不淨不增不減是故空中無色無受

想行識無眼耳鼻舌身意無色聲香味觸

法無眼界乃至無意識界無無明亦無無

明盡乃至無老死亦無老死盡無苦集滅

心經是為了啟發眾生的般若智慧，破除顛倒夢想，消滅世間業障，斷除生死苦因。令世人脫離一切痛苦，究竟涅槃。

道無智亦無得以無所得故菩提薩埵依

般若波羅蜜多故心無罣礙無罣礙故無

有恐怖遠離顛倒夢想究竟涅槃三世諸

佛依般若波羅蜜多故得阿耨多羅三藐

三菩提故知般若波羅蜜多是大神咒是

大明咒是無上咒是無等等咒能除一切

苦真實不虛故說般若波羅蜜多咒即說

咒曰揭諦揭諦波羅揭諦波羅僧揭諦菩

提薩婆訶

般若波羅蜜多不只能夠使自己超脫一切苦厄、解脫輪迴之苦,同時又能夠令廣大眾生一同了卻生死之苦,共赴涅槃之境。

般若波羅蜜多心經

觀自在菩薩行深般若波羅蜜多時照見

五蘊皆空度一切苦厄舍利子色不異空

空不異色色即是空空即是色受想行識

亦復如是舍利子是諸法空相不生不滅

不垢不淨不增不減是故空中無色無受

想行識無眼耳鼻舌身意無色聲香味觸

法無眼界乃至無意識界無無明亦無無

明盡乃至無老死亦無老死盡無苦集滅

瞭解事物的本質，除卻人生種種煩惱與痛苦，最終得以超脫生死輪迴，成就阿耨多羅三藐三菩提，一切圓滿，究竟涅槃。

道無智亦無得以無所得故菩提薩埵依

般若波羅蜜多故心無罣礙無罣礙故無

有恐怖遠離顛倒夢想究竟涅槃三世諸

佛依般若波羅蜜多故得阿耨多羅三藐

三菩提故知般若波羅蜜多是大神咒是

大明咒是無上咒是無等等咒能除一切

苦真實不虛故說般若波羅蜜多咒即說

咒曰揭諦揭諦波羅揭諦波羅僧揭諦菩

提薩婆訶

11

大神咒，意謂般若波羅蜜
多不可思議的極大神秘力
量；大明咒，意謂般若波
羅蜜多能破除一切愚癡無
明；無上咒，意謂般若波
羅蜜多為最高、至上的法
門；無等等咒，意謂般若
波羅蜜多是無可相比的。

般若波羅蜜多心經

觀自在菩薩行深般若波羅蜜多時照見

五蘊皆空度一切苦厄舍利子色不異空

空不異色色即是空空即是色受想行識

亦復如是舍利子是諸法空相不生不滅

不垢不淨不增不減是故空中無色無受

想行識無眼耳鼻舌身意無色聲香味觸

法無眼界乃至無意識界無無明亦無無

明盡乃至無老死亦無老死盡無苦集滅

當菩薩能以般若智慧遠離
一切顛倒夢想，領會最高
覺悟，即阿耨多羅三藐三
菩提，那便得以成佛。

道無智亦無得以無所得故菩提薩埵依

般若波羅蜜多故心無罣礙無罣礙故無

有恐怖遠離顛倒夢想究竟涅槃三世諸

佛依般若波羅蜜多故得阿耨多羅三藐

三菩提故知般若波羅蜜多是大神咒是

大明咒是無上咒是無等等咒能除一切

苦真實不虛故說般若波羅蜜多咒即說

咒曰揭諦揭諦波羅揭諦波羅僧揭諦菩

提薩婆訶

佛陀表明一切法皆虛妄不實，如夢如幻，如泡如影，全都是空相。但佛陀又唯恐世人執著於空相，於是接著補充一切法皆是不生不滅，不垢不淨，不增不減。

般若波羅蜜多心經

觀自在菩薩行深般若波羅蜜多時照見

五蘊皆空度一切苦厄舍利子色不異空

空不異色色即是空空即是色受想行識

亦復如是舍利子是諸法空相不生不滅

不垢不淨不增不減是故空中無色無受

想行識無眼耳鼻舌身意無色聲香味觸

法無眼界乃至無意識界無無明亦無無

明盡乃至無老死亦無老死盡無苦集滅

開悟後的修行就等於船行到順水、順風的地方，不需用力，船也會自然往前走。

道無智亦無得以無所得故菩提薩埵依

般若波羅蜜多故心無罣礙無罣礙故無

有恐怖遠離顛倒夢想究竟涅槃三世諸

佛依般若波羅蜜多故得阿耨多羅三藐

三菩提故知般若波羅蜜多是大神咒是

大明咒是無上咒是無等等咒能除一切

苦真實不虛故說般若波羅蜜多咒即說

咒曰揭諦揭諦波羅揭諦波羅僧揭諦菩

提薩婆訶

手抄｜閱讀｜靜心｜練字｜珍藏｜迴向

字字珠璣

般若波羅蜜多心經

手抄閱讀兩用隨身小冊

典藏閣